JN411125

세계 최초의 여성 성경 번역가
힌두 여성과 어린이 복음화를 위해 헌신하다.

라마바이

세계 최초의 여성 성경 번역가

힌두 여성과 어린이 복음화를 위해 헌신하다.

라마바이

초판 1쇄 인쇄 2017년 6월 05일
초판 1쇄 발행 2017년 6월 05일

저자 | 빤디따 라마바이(Pandita Ramabai)
역자 | 이계절

펴낸곳 | 해피소드
주소 | 서울시 금천구 가산디지털로 168 우림라이온스밸리
B동 B113~114호
홈페이지 | www.book.co.kr
전화번호 | (02)2026-5777
팩스 | (02)2026-5747

ISBN 978-89-98773-27-4 03230

Originally published by N. Paul Thanasingh, B. Sc Ag for Genesis Books in English under the title: Pandita Ramabai
ISBN: 978-81-906969-4-4

Genesis Books, 9, Sukhdam Apartments, Tidke Colony, Nasik-422002, India
Email: genesisbooks@gmail.com
Tel: 92700 58128, 93721 11300, 92700 57727

세계 최초의 여성 성경 번역가
힌두 여성과 어린이 복음화를 위해 헌신하다.

라마바이

Pandita Ramabai

저자 빤디따 라마바이 | 역자 이계절

〈일러두기〉

- 본문의 **굵은 명조체**는 편집자(Genesis Books)가 독자의 이해를 돕기 위해 삽입한 것이다.
  이 외의 문장들은 1907년 3월 라마바이가 직접 쓴 것이다.
- 본문의 성경 구절은 1985년 생명의 말씀사가 발행한 '현대인의 성경'을 인용했다.
- 각주의 자료는 역자가 〈각종 단행본〉, 〈묵띠 선교회 공식 홈페이지〉, 〈영어 위키피디아〉, 〈각종 논문〉 등에서 찾은 것이다.

●차례

●추천사 1

예수를 만난다는 것은 무엇인가

이 책은 기독교 문화와 전혀 다른 문화권인 인도에서 복음을 접한 한 여성, 라마바이(1858-1922)의 삶과 신앙을 다루고 있다. 일본에서 복음을 들은 후 그리스도인이 된 우찌무라(內村鑑三, 1861-1930)를 다룬『우찌무라 간조 회심기』의 축약판 같다. 다른 점이 있다면 남성이 아니라 여성이라는 것, 유교와 사무라이 가정 출신이 아니라 힌두교 브라민 출신이었다는 것, 그리고 신학자라기보다는 사역자에 가까웠다는 점 등이다.

우리는 이 책에서 라마바이가 기독교를 접한 후 예수를 인격적으로 만나는 과정을 볼 수 있다. 그녀에게 예수는 힌두교와 여성이라는 두꺼운 문화·종교적 장벽을 넘어설 수 있을 만큼 값진 것이었다. 그녀는 정체성과 자아의식이 매우 강했던 것 같다.

인도 사회, 특히 인도 여성이 처한 현실을 개선해 보려는 라마바이의 참여적 자세가 인상적이다. 라마바이는 기독교 복음이 인도 사회를 변화시킬 수 있다고 믿었다. 그녀가 발견한 복음의 생명력을 현대의 한국교회에서도 찾을 수 있는가? 선교 초기 한국사회에서도 이 복음은 이런 생명력이 있었다.

본서는 껍데기가 아니라 본질에 도달해야 한다는 교훈을 준다. 신학을 전공하다 보면 성경 보다 신학 서적을 더 가까이 하고, 예수 그리스도를 직접 만나는 것보다 기독교에 대한 지식을 많이 접한다. 그 결과 기독교는 예수를 만나는 것임을 잊어버릴 때가 많다. 라마바이는 복음을 믿는다는 것은 성경을 스스로 끊임없는 읽는 것이며, 그 안에서 예수 그리스도를 인격적으로 만나는 것임을 분명하게 보여준다.

가장 큰 감동은 라마바이가 그리스도를 인격적으로 만나고 그를 구세주로 받아들이는 과정의 생생함이었다. 한국도 인도처럼 서구 기독교 국가와는 매우 이질적인 문화권이지만, 초기 한국교회사에는 예수를 구세주로 받아들인 회심 과정을 생생하게 전하는 기록이 많지 않다. 기성 기독교인들을 다시 회심시키는 듯한 라마바이의 회심 경험에서 표현하기 힘든 감동을 받았다.

라마바이는 복음의 생명력을 우리에게 다시 부어준다. 인도에서 만난 예수를 오늘 우리 한국에서도 다시 만나야 함을 보여준다. 예수만이 우리의 구세주이시며, 다른 해답은 없음을 말해준다. 전도용으로도 좋지만 우리의 신앙의 허리띠를 다시 매도록 동기 부여하는 가치까지 제공해 주는 책이다.

전인수

연세대 역사 신학 박사. KC 대학교 교수

어둠 속의 한 줄기 빛

라마바이는 19세기 말 20세기 초 정치적으로는 영국의 식민지하에서, 종교적으로는 힌두교의 카스트 제도 아래서 사회적으로 가장 억압 받던 인도 여성들의 인권과 복지를 위해 헌신했던 여성 지도자다. 암울했던 인도 여성들에게 어둠 속의 한 줄기 빛과 같은 존재였다.

힌두 사회 개혁자이자 여성 지도자였던 그녀는 말씀과 묵상으로 예수님을 인격적으로 만난 후 복음에 바탕을 두고 사회 개혁, 여성 인권, 그리고 성경 번역에 큰 업적을 남겼다. 특히 그녀는 사랑과 기도로 인도의 고통 받는 고아들, 여성들 그리고 과부들을 돌봤다. '예수님의 종교' 가 아니라 '예수님' 을 만남으로 이 모든 위대한 일들을 시작할 수 있었고 열매 맺었다.

그녀는 주님을 만난 후 평생 하나님께 자신의 삶을 완전히 맡기고 어떤 것도 두려워하지 않고 잃을 것도 후회할 것도 없다는 마음으로 주님과 동행했다. 그녀의 삶이 오늘날 우리에게 큰 울림으로 도전한다.

이 번역서를 통해 문서 사역의 중요성을 다시 한 번 깨달았다. 인도 선교를 준비하는 분들과 인도를 배우고자 하는 분들에게 도움이 되기를 소망한다.

전태영
인도 우드스탁 국제학교, 목사

● 역자의 말

또 한 명의 라마바이를 위한 과제

인도에서 기독교의 평판은 끔찍할 정도다. 힌두들은 기독교를 '소고기 먹는 종교', '성적으로 타락한 종교', '남의 나라 침략하는 종교', '상대방의 말을 듣지 않고 자기 말만 하는 종교', '외국(서양) 종교', '천민과 부족의 종교', '외국에서 돈 받는 종교', '외국 문화를 따르는 종교', '인도 문화를 파괴하는 종교', '가족을 소홀히 여기는 개인주의자' 라고 인식한다. 그 결과 인도 기독교인의 비율이 2.2%(죠슈아 프로젝트. 2016)다. 이 비율은 명목상 신자를 포함한 것이므로 복음주의 신자만 따로 구별한다면 1% 미만일 것이다.

나는 인도에 살면서 인도 기독교인들이 본받을 수 있는 인도 기독교인을 발굴해야 한다는 책임감을 가졌다. 내가 한국어로 번역하면 한국인 선교사들이 인도 기독교인들에게 소개할 수 있으리라 생각했다. 감사하게도 '라마바이' 라는 위대한 인물을 발견했다. 주위의 인도 기독교인들에게 라마바이를 아느냐고 물어보니 한 명을 제외하고 나머지는 '모른다.' 고 대답했다.

내가 라마바이의 자서전을 번역한 결정적인 이유는 그녀의 헌신과 업적뿐 아니라 그녀가 기독교 문화에서 받은 충격을 구체적으로 기록했고 회심 후 많은 힌두들이 예수님을 믿을 수 있도록 복음의 장벽을 없애려고 노력했기 때문이다. 세계 최초의 여성 성경 번역가, 복음 전도자, 사회 개혁가, 여성 인권 운동가, 여성 교육 개척자, 산스크리트어 학자 등 많은 호칭을 갖고 있는 그녀가 하마터면 라마바이가 예수님을 믿지 못한 채 죽었을 뻔했다. 기독교인이 되고자 했을 때 겪은 불필요한 문화 충격 때문이었다. 하나씩 다뤄보자.

첫째, 꼴까따에서 처음으로 교회와 기독교인들을 체험했을 때 라마바이는 부정적인 인상을 지울 수 없었다. 기독교인들이 무릎 꿇고 자신들의 앞에 있는 의자에게 기도하고 있었다고 말할 정도였다. 기독교의 예배는 품위가 없다는 느낌을 받았다. 또한 인도 기독교인들이 영국 사람들처럼 옷을 입고 함께 음식을 먹는 것에도 충격을 받고 '말세' 라는 표현을 썼다. 그렇다면 힌두들이 문화충격을 안 받거나 최소한으로 받으면서 예수님을 믿게 할 수는 없을까?

둘째, 라마바이가 예수님을 믿으려고 했을 때 그녀의 남편이 분노를 표출했다. 기독교의 평판이 그 만큼 좋지 않았기 때문이다. 왜 당시 힌두들이 기독교를 싫어했을까? 힌두들은 현재도 같은 인상을 갖고 있다. 힌두들에게 긍정적인 인상을 줄 수 있는 방법이 없을까?

셋째, 라마바이는 영국에서 세례를 받았지만 수많은 기독교 교파와 성경이외의 기독교 서적에 집중한 탓에 실제 예수님을 믿는데 8년이나 걸렸다. 그녀는 기독교의 교파들과 힌두교의 교파들이 같다는 생각까지 했다. 그렇다면 힌두들이 라마바이의 혼란을 피하고 예수님을 믿게 할 수는 없을까?

라마바이의 삶 속에서 답을 얻을 수 있다. 그녀는 성경과 성령에 토대를 뒀지만 더 많은 힌두들이 예수님을 쉽게 이해할 수 있도록 특정 교단을 세우거나, 목사와 평신도를 이분법적으로 나누거나, 많은 부분에서 서양 문화를 인도 기독교인들에게 이식하지 않았다. 그런 노력으로 수천 명의 힌두들이 예수님을 믿었다. 그녀의 대다수의 신자가 당시 사회에 영향력을 끼치기 힘든 여성과 고아와 소년이었다는 점은 아쉽지만 여전히 현대의 선교사들이 배울 점이 많다. 특히 기독교를 증오하는 힌두들이 라마바이가 기독교인이었다는 것을 알고도 그녀를 '인도 역사에서 가장 훌륭한 사람 가운데 한 명' 으로 꼽고 있다는 점이 의미심장하다. 더 많은 라마바이가 나오면 복음도 더 쉽게 확장될 수 있지 않을까?

라마바이는 장벽을 극복하고 예수님을 믿어 훌륭한 일을 했지만 대다수의 힌두들은 기독교에 관심조차 기울이지 않고 있다. 기독교인들이 '기독교 문화' 라는 이름으로 쌓고 있는 높은 성벽 때문이다. 우리가 인도에서 더 많은 라마바이를 보고 싶다면 복음의 주위에 쌓아 놓은 '문화의 바벨탑' 을 어떻게 허물지를 진지하게 고민해야 할 것이다.

역자 이계절

Ramabai

1858-1922

영광의 문화유산

라마바이는 1858년 4월 23일 인도 중부 마하라쉬트라(Maharashtra) 서부의 군가말(Gangamula)의 숲 속에서 태어났다. '라마'는 '광채'(Bright)라는 뜻이고 '바이'는 여성이란 뜻이다. 남자와 구별하기 위해 '바이'를 붙인다.[(1)] 오빠와 언니도 있었지만 청소년기 때 죽었다. 그 외에 세 명의 형제가 더 있었지만 모두 어려서 죽었다. 라마바이가 막내였다.

라마바이의 아버지 아난뜨 빠드마나바 동그레(Anant Padmanabha Dongre)는 찌트빠완 브라민(Chitpawan Brahmin)[(2)] 출신이었고 샤스뜨리(Shastri, 경전 읽어주는 사람, 종교 교사)라고 불렸다. 그는 쌀과 코코넛 경작지를 가지고 있던 부유한 제사장이었다.

그는 힌두 경전에 해박해 부유한 왕자들이 존경하고 조언을 구했다. 한 왕자는 25,000루삐를 다른 왕자는 175,000루삐를 제공하며 자신들 곁에 있어 달라고 했다. 그러나 항상 금욕 생활을 하겠다고 생각한 그는 그들의 돈을 거절했다.

라마바이의 아버지 아난뜨 샤스뜨리(Anant Shastri)는 여성들이 좋은 사고방식을 가지고 있다고 믿었다. 그는 한 인도 공주가 산스크리트어로 힌두 경전의 구절을 암송하는 것을 듣고 놀랐다. 그 계기로 아내에게 고대 힌두 경전을 가르치겠다고 마음먹었다.[(3)]

브라민(Brahmin, 힌두 최고 카스트)인 아버지는 정통 힌두였고 엄격하게 카스트 제도와 다른 종교 규칙들을 지켰지만 자신만의 방법으로 개혁을 추구했다. 즉 그는 여성들과 수드라 카스트들은 거룩한 힌두 경전들과 산스크리트어를 읽고 쓸 권리를 갖고 있지 않다는 것에 동의하지 못했고 자신의 아내를 가르치기로 결정했다. 다른 사람들에게 종교적 가르침을 설교하는 대신 집에서 실험을 하는 것이 낫다고 생각한 것이다. 그는 자신의 생각을 이해한 내 어머니[(4)]를 적당한 학생으로 생각했다. 결국 어머니는 뛰어난 산스크리트어 학자가 됐다. 그녀는 요리와 청소 등 모든 집안일을 했고, 아이들을 돌봤고, 손님들을 대접했고, 종교적으로 훌륭한 아내와 어머니가 해야 하는 모든 일을 했다. 그녀는 거룩한 경전(Puranic, 힌두 경전 가운데 하나)들을 규칙적으로 공부하기 위해 밤에도 시간을 투자해 엄청난 지식을 축적할 수 있었다.

첫 번째 부인이 죽은 후 재혼한 아난뜨 샤스뜨리는 아내와 함께 밀림 속에 살았다. 밤마다 바닥에 누워 들짐승들의 울음에 부들부들 떠는 아내를 남편이 옆에 앉아 진정시켰다. 남편에게서 매일 산스크리트어를 배운 아내는 놀라운 재능을 보였다.

아버지의 고향 근처인 망갈로르 지역(Mangalore District)에 살고 있는 브라민 사제들은 어머니에게 거룩한 신들의 언어인 산스크리트어를 가르치고 있는 아버지를 중지시키려고 했다. 왜냐하면 그들은 아버지의 행동을 이단적 행동이라고 판단했기 때문이다. 힌두 전통에 의하면 여성들은 산스크리트어와 힌두 경전을 배울 수 없다. 아버지는 준비를 철저히 한 후 그 반대자들을 만났다. 그는 각각의 경전의 장과 구절을 인용해 경전들이 여성들에게 산스크리트어를 가르치는 것을 지지한다는 증명했다. 그들을 성공적으로 설득해 그들로부터 여성들과 수드라 카스트에게도 가르칠 수 있는 권위를 부여받았다.

그 지역의 최고 제사장이 아버지의 행동에 대해 들었다. 학식 있는 브라민들이 최고 제사장에게 아버지를 제사장 회의에 불러 이단적 행동의 이유를 밝히도록 하거나 파문해야 한다고 주장했다. 결국 아버지는 마드바 바야쉬나바(Madhva Vaishnava) 교파의 수장인 끄리슈나뿌라나와 우디삐(Krishnapura and Udipi)에게 소환됐다. 아버지는 최고 제사장 회의에서 아내에게 경전을 가르친 이유를 밝혔다. 그는 여성들과 수드라 카스트가 산스크리트어로 기록된 뿌라나(Puranas, 힌두 경전 가운데 하나)를 배우는 것이 잘못된 것이 아니라는 고대 경전들을 인용해 최고 제사장과 다른 제사장들을 성공적으로 설득했다. 그래서 그들은 아버지를 카스트 밖으로 추방시키지도, 더 이상 괴롭히지도 않았다.

아버지는 힌두 정통파 개혁자였다. 그는 마이소르 국경에 있는 망갈로르 지역 출신이었지만 서쪽 가트(Western Ghats) 꼭대기에 있는 숲 속에 집을 짓고 가족들과 함께 살았다. 그 이유는 세상의 소음과 방문객들을 피해 고요한 곳에서 경전을 익히고 신들에게 헌신하고자 함이었다.(5)

아버지는 자신 소유의 논과 코코넛 농장에서 수입을 얻곤 했다. 아버지의 숲 속의 집은 신성한 순례지가 돼 순례자들이 일 년 내내 찾아왔다. 아버지는 순례자들을 자신의 비용으로 대접하는 것을 당연히 여겼다. 왜냐하면 대접은 힌두교에서 중요하게 여기는 것이기 때문이다. 13년 간 아버지는 그곳에서 살며 조용히 자신의 일을 했지만 자신의 의무라고 생각한 것(대접)을 수행하느라 빚을 져 모든 재산을 잃었다.(6)

그래서 우리 가족은 그곳을 떠나 순례자가 됐다. 어머니는 내가 겨우 6개월 됐을 때 우리 가족이 떠돌기 시작했다고 말해줬다. 그녀는 나를 사탕수수로 만든 큰 상자 안에 넣었고 한 짐꾼이 산에서 계곡까지 머리에 이고 나를 옮겼다. 그렇게 나는 아이 때부터 순례의 삶을 살았다. 나는 식구 가운데 가장 어렸다. 가족 모두를 데리고 순례를 다니는 아버지를 존경한 사람들도 있었고 경멸한 사람들도 있었다. 그러나 아버지는 사람들이 하는 말에 거의 개의치 않고 자신이 옳다고 생각한 것을 실천했다. 그는 어머니와 다른 사람들(7)에게 산스크리트어와 힌두 경전을 가르쳤다.

락쉬미바이, 라마바이, 아난뜨 샤스뜨리, 오빠 쉬리니바스

(1) 라마바이의 이름과 성은 라마바이 사라스와띠(Ramabai Sarasvati)다. https://en.wikipedia.org/wiki/Pandita_Ramabai. 2016. 12월 2일 오후 3시 20분.

(2) 라마바이의 아버지 아난뜨 샤스뜨리는 1796년생이다. 그는 인도 서부 마하라쉬트라주의 12개 브라민 카스트 가운데 가장 영향력 있는 찌뜨빠완 브라민 출신이었다. 일찍이 그는 '자아를 완전히 부인하고 영원히 참된 신과 하나가 되는 것을 추구'하는 힌두 박띠 교파에 참여했다. Padmini Sengupta, Pandita Ramabai Saraswati: Her Life and Work, Bombay, Asia Publishing House, 1970, 25.

(3) 아난뜨 샤스뜨리는 산스크리트어 학자가 되려고 뿌네에 갔다. 그는 자신의 구루(스승)가 전통을 깨고 인도 공주 즉 여성에게 신성한 언어(산스크리트어)를 가르치는 것을 본 후 자신도 자신의 아내와 딸에게 산스크리트어를 가르치겠다고 마음먹었다. 그러나 집에 돌아왔을 때 어머니와 아내가 그의 급진적인 시도에 반대했다. 얼마 후 아내가 죽었다. 그 후 그는 집을 떠나 남인도 마이소르 왕의 후원을 받으며 10년을 살았고 산스크리트어 학자와 철학가로 유명해졌다. 그는 자신의 학식이 깊어지면서 순례를 떠났다. 많은 부자들이 그의 학식에 존경을 표하기 위해 그에게 선물을 줬다. 종교 연구를 하려고 네팔로 갔을 때 네팔 왕이 두 마리의 코끼리를 포함한 많은 선물을 줬다. Gregory Perry, Untold Tale of Revival: Pandita Ramabai, 2016. http://www.gracevalley.org/teaching/untold-tale-of-revival-pandita-ramabai/

(4) 아난뜨 샤스뜨리는 첫 번째 아내가 죽은 후 두 번째 아내 락쉬미바이와 결혼했는데 라마바이는 아버지와 둘째 어머니 사이에 태어났다. https://en.wikipedia.org/wiki/Pandita_Ramabai. 2016. 12월 2일 오후 3시 20분. 아난뜨 샤스뜨리는 44세 때 재혼했다. 신부는 순례자 친구의 딸로 나이가 9세였다. 당시 조혼은 평범한 일이었다. 아난뜨 샤스뜨리는 어떤 장애물이 있더라도 새 아내에게 산스크리트어를 가르치겠다고 결심했다. 첫째 부인과 달리 둘째 부인은 전통을 깨려는 남편의 행동에 반대하지 않았다. 집안 식구들과 공동체에서도 더 이상 항의하지 않았다. Gregory Perry, Untold Tale of Revival: Pandita Ramabai, 2016. http://www.gracevalley.org/teaching/untold-tale-of-revival-pandita-ramabai/

(5) 아난뜨 샤스뜨리는 제사장들을 설득하는데 성공했지만 고향을 떠나 강가물라(Gangamula) 밀림 근처에 집을 지었다. 자신의 집 근처에 힌두 성지-세 개의 강의 발원지-가 있었다. 그곳에는 금기시한 것을 추구한 그를 향해 불만을 표출하곤 했던 친척들과 친구들이 없어서 아내에게 산스크리트어를 집중적으로 가르칠 수 있었다. 밀림 속에서 12년 간 사는 동안 6명의 자녀가 태어났다. 그 가운데 세 명은 어려서 죽었고, 큰 딸, 큰 아들, 그리고 막내딸만 살아남았다. Gregory Perry, Untold Tale of Revival: Pandita Ramabai, 2016. http://www.gracevalley.org/teaching/untold-tale-of-revival-pandita-ramabai/

아난뜨 샤스뜨리는 후원자들의 후원금이외에 순례자들이 지나가는 길목에서 경전을 읽어주고 적선을 받았다. Pandita Ramabai, Pandita Ramabai, A Testimony, Kedgaon, Ramabai Mukti Mission, 1907, 11.

(6) 아난뜨 샤스뜨리는 많은 수입을 얻고 있었지만 자주 찾아온 순례자들, 학생들, 그리고 학자들을 대접하느라 더 많은 돈을 썼다. 대접과 손님들의 도둑질로 인해 그는 결국 모든 재산을 잃었다. Gregory Perry, Untold Tale of Revival: Pandita Ramabai, 2016. http://www.gracevalley.org/teaching/untold-tale-of-revival-pandita-ramabai/

(7) 라마바이의 언니, 오빠, 그리고 라마바이를 말한다. Gregory Perry, Untold Tale of Revival: Pandita Ramabai, 2016. http://www.gracevalley.org/teaching/untold-tale-of-revival-pandita-ramabai/

독특한 교육

어머니는 내가 8살쯤 됐을 때부터 15살이 됐을 때까지 나를 가르쳤다.(8) 어머니의 가르침으로 나는 다른 사람들의 도움 없이 스스로 공부할 수 있게 됐다. 나는 당시 소녀와 여성들을 위한 고등교육 기관이 있었다는 것을 몰랐다.

내 부모님은 자신들의 자녀가 바깥세상과 접촉하는 것을 싫어했다. 그들은 자녀들이 엄격하게 종교적이고 옛날 신앙을 고수하기를 원했다. 산스크리트어를 제외한 다른 언어를 배우는 것은 불가능했다. 세속 교육은 사람들에게 수백만 종의 동물로 끝없이 윤회하는 것에서 목샤(Moksha, 구원)를 얻지 못하게 하고 셀 수 없는 병과 죽음의 고통을 겪게 한다고 여겼다. 영어를 배우고 비힌두(Mlenchchas)를 접촉하는 것은 카스트와 미래의 모든 행복을 잃는 고통으로 인식돼 금지됐다. 그래서 우리는 산스크리트어 시 형식으로 기록된 뿌라나(Puranas, 힌두 경전 가운데 하나)와 현대 경전과 산스크리트어 문법과 사전들을 배우는 일만 할 수 있었다. 우리는 이 모든 것을 암기해야 했다.

나는 부모님이 항상 한 성지에서 다른 성지로 여행했고, 한 곳에 몇 개월간 머물렀고, 성스런 강이나 연못에서 목욕했고, 신전들을 방문했고, 집 안의 신들과 신전의 신들을 섬겼고, 신전의 뿌라나(Puranas)나 자신이 갖고 있는 뿌라나를 읽었다는 것을 지금까지 기억한다.(9) 경전을 읽는 것은 일거양득이었다. 먼저, 죄를 제거하고 목샤를 얻을 수 있는 공덕을 쌓을 수 있었다. 둘째, 구걸하지 않고 정직하게 살 수 있었다. 경전 읽어 주는 사람 즉 뿌라니까(Puranika)는 힌두들 가운데 인기 있는 설교가다. 그들은 지나가는 사람들이나 방문객들이 들을 수 있도록 눈에 띠는 곳 즉 신전이나 나무 아래나 강둑이나 연못가에 앉아 손에 경전을 들고 특유의 억양으로 크게 읽는다. 듣는 사람들은 산스크리트어로 된 경전들을 이해하지 못한다. 그러나 뿌라니까는 경전을 설명할 의무를 갖고 있지 않다. 그들은 설명해 줄지 말지 선택할 수 있다. 그들은 아주 과장되거나 사실이 아닌 이야기를 해설하면서 가능한 재미있게 하려고 아주 애를 쓴다. 해설해 주는 것은 죄가 아니다. 왜냐하면 관심을 끌어 사람들이 거룩한 소리, 신들의 이름, 그리고 신들의 행위들을 듣고 순결해질 수 있도록 하는 것이기 때문이다. 뿌라니까가 경전을 읽으면 지나가는 사람들은 반드시 와서 잠깐이라도 곁에 앉아서 듣고 보통 선물을 준다. 그러나 뿌라니까는 듣는 사람의 행동과 말에 주의를 기울이지 않고 계속해서 읽는다. 듣는 사람들은 자유롭게 듣거나 떠날 수 있다.

듣는 사람들 가운데 종교적인 사람들은 꽃, 과일, 단 과자(미타이), 옷, 돈, 그리고 다른 것들을 드리고 뿌라니까 앞에 엎드려 뿌라니까와 경전에 존경을 표한다. 이 행동을 통해 기부자는 큰 공덕을 쌓고 받는 사람은 죄에 빠지지 않는다. 뿌라니까에게 선물을 주지 않는 사람은 지금까지 선행으로 쌓은 모든 공덕을 잃는다. 비싼 선물을 줄 필요는 없다. 몇 줌의 쌀이나 다른 곡물, 또는 몇 빠이싸(인도 화폐에서 가장 작은 단위)나 조개 몇 개 즉 초대 받았을 때 가져가는 정도 또는 1 빠이사와 교환할 수 있는(64개의 조개는 1 빠이사와 교환 가능) 정도로 사람들에게 부담이 없는 것이다. 꽃 한 송이나 꽃잎들이나 신성한 나뭇잎도 신들에게 드릴 수 있었다. 그러나 기부자는 자신이 기부하는 만큼 공덕이 쌓일 것이라는 것을 잘 알고 있기 때문에 할 수 있는 만큼 넉넉하게 주려고 한다. 그런 식으로 뿌라니까는 공공장소에서 경전을 읽어주고 필요한 모든 것을 얻는다.

내 부모님은 뿌라니까가 됐다. 우리는 공공장소에서 경전들을 읽었지만 사람들의 언어로 해석하거나 설명하지 않았다. 힌두들은 거룩한 경전을 읽거나 듣는 자체가 큰 공덕 즉 뿌니야(Punya)를 쌓는 일이라고 믿는다. 우리 가족은 생계를 위해 결코 구걸하거나 일할 필요가 없었다. 우리는 경전을 읽어주고 우리에게 필요한 돈과 음식을 얻곤 했고 필요한 곳과 순례 여행을 위해 쓰고 남은 것은 브라민들에게 적선했다.

(8) 아난뜨 샤스뜨리는 아내에게 라마바이에게 산스크리트어를 가르치도록 했다. 라마바이는 12세 때까지 뿌라나(Puranas, 힌두 경전 가운데 하나)에서 18,000개의 구절을 암송할 수 있을 정도로 뛰어났다. Gregory Perry, Untold Tale of Revival: Pandita Ramabai, 2016. http://www.gracevalley.org/teaching/untold-tale-of-revival-pandita-ramabai/

(9) 아난뜨 샤스뜨리의 가족은 인도의 성지들을 순례했다. 라마바이는 힌두교에 환멸을 느낄 정도로 많은 모순을 봤다. 부모는 산야시(구도자)와 지역의 제사장의 부도덕을 언급하곤 했다. 부모는 그들이 순례자들을 속이는 모습을 보고 웃곤 했지만 힌두교의 율법 때문에 산야시와 제사장들을 계속해서 예배하곤 했다. 라마바이의 나이 13세 때 아난뜨 샤스뜨리의 가족은 아라비아 해의 드와르까르(Dwarka)에 있는 유명한 신전을 보러갔다. 사람들은 다음과 같이 믿는다. '바다에 크리슈나 신의 전설적인 황금 섬이 존재한다. 그러나 죄인은 볼 수 없고 죄 없는 사람만 볼 수 있다. 황금 섬은 6년에 한 번 까삘라 샤스뜨리(Kapila Shastri)의 축제 기간의 일몰 때 나타난다.' 수천 명의 순례자들이 그 축제 기간에 와서 열광하며 섬을 보려고 하다가 일부 사람들이 깔려 죽기도 한다. 일몰 때 어떤 사람들은 "보인다! 보인다!"라고 외치지만 다른 사람들은 침묵한다. 침묵한다는 것은 자신이 죄인이라는 것을 인정하는 것이다. 섬을 볼 수 없었던 라마바이는 처음으로 힌두 신앙에 슬픈 의심을 품었다. 언젠가 아난뜨 샤스뜨리의 가족은 비마강(the Bhima River)에 위치한 빤다르뿌르(Pandharpur)의 성지에 가서 강을 예배하기 위해 엎드렸다. 자신들의 모든 죄를 씻기 위해 자신들의 머리에 강물을 뿌렸다. 몸 안에 있는 죄를 씻기 위해 진흙물을 마셨다. Gregory Perry, Untold Tale of Revival: Pandita Ramabai, 2016. http://www.gracevalley.org/teaching/untold-tale-of-revival-pandita-ramabai/

기아, 죽음, 그리고 의심

이런 우리 가족의 삶은 아버지가 너무 약해서 힘을 쓸 수 없을 때까지 즉 자녀들에게 경전 지도를 더 이상 지도해 줄 수 없을 때까지 지속됐다. 자녀들은 힌두 경전이외에 것들에는 정말 무지한 채 자랐기 때문에 생계를 위해 어떤 일도 제대로 할 수 없었다. 우리는 생계를 위해 천한 일도, 구걸도 할 수 없었다.

부모님은 수중에 약간의 돈을 갖고 계셨다. 그 돈을 자녀들의 세속 교육을 위해 사용했더라면 자녀들이 어떤 식으로든 삶을 꾸려갈 수 있었을 것이다. 그러나 그것은 불가능했다. 부모님은 거룩한 경전에 기록된 것을 굳건히 믿었다. 그들은 자녀들에게 필요한 것을 신들에게 요청하라고 격려했다. 거룩한 힌두 경전들은 사람들이 금식과 회개하며 특정한 방법으로 신들을 예배하고, 브라민들에게 적선을 하고, 경외감을 가지고 특정한 신들의 이름과 찬송을 반복해서 부르면 남신들과 여신들이 예배자에게 나타나 말을 하고 무엇이든지 원하는 것을 준다고 말한다. 우리는 현세의 욕구를 채우기 위해 경전들이 말하는 것을 따르기로 결정하고 3년 간 종교 행위이외에 아무 것도 하지 않았다. 결국 돈이 다 떨어졌지만 신들은 우리를 돕지 않았다.[(10)]

우리는 우리가 부른 기아로 고통당했다. 당시 우리가 살았던 첸나이 지역도 기아의 영향을 받기 시작했다. 음식과 물이 부족해 곳곳에서 사람들이 굶주렸고 우리 같이 가난한 사람들의 일부는 이곳저곳을 떠돌았다. 그러나 우리는 구걸하거나 천한 일을 할 수 없을 정도로 자부심이 너무 강했다. 그리고 삶의 실제적인 것에 무지했다. 결과적으로 우리는 굶주림에 직면했다. 아버지, 어머니, 그리고 여동생 모두 몇 달 안에 배고픔으로 죽었다.[(11)]

기아가 인도 전 지역을 덮쳤고 라마바이의 가족도 먹을 것이 충분히 갖고 있지 못했다. 가족은 음식을 사기 위해 놋그릇을 포함한 모든 것을 팔았다. 음식 살 돈이 완전히 떨어졌을 때 식구들은 나무뿌리, 꽃, 그리고 야생 딸기를 먹었다.

늙고 거의 눈이 멀고[(12)] 온 몸에 통증을 호소하던 아버지는 자신의 몸을 신들에게 드리기 위해 거룩한 연못에 뛰어들겠다고 결정했다. 그리고 식구들을 한 명씩 불러 작별인사를 했다. 마지막으로 아버지가 자녀들 가운데 가장 사랑한 막내 라마바이의 차례가 됐다. 그는 라마바이를 아주 가까이 안고 자신이 그녀에게 최고의 교육과 훈련을 제공했다고 상기시켰다. 그리고 말했다.

"라마바이, 나는 너를 영원히 참된 신의 손에 맡겼다. 너는 신의 자녀다. 평생 신을 섬겨라. 네가 이 끔찍한 기아에서 생존하면 최선을 다해 옳은 일을 하며 살아라."[(13)]

늙은 교사인 아난뜨 샤스뜨리는 연못에 뛰어 들지는 않았지만 병과 배고픔으로 몇 주 안에 숨졌다.(14)

나는 끔찍한 기아 동안에 겪었던 모든 고통을 묘사할 수 없다. 오빠와 나만 생존해서 성지들을 방문했고, 강에서 목욕했고, 우리가 원하는 것을 얻기 위해 남신들과 여신들을 예배했다. 우리는 경전에 기록된 모든 것을 이행했고 우리가 아는 만큼 경전의 법을 지켰지만 신들은 우리의 행위에 대해 기뻐하지 않았고 나타나지도 않았다. 몇 년간 신들에게 헌신했지만 아무 열매가 없자 우리는 힌두 경전들을 신뢰하지 않기 시작했고 신들이 예배자에게 크게 보답할 것이라는 소망도 버렸다. 그러나 우리는 계속해서 카스트 제도를 지켰고 평소대로 신들을 예배했고 경전들을 공부했다.(15)

우리의 힌두 신앙이 식어가면서 우리는 세속 교육을 받는 것과 정직한 삶을 영위하기 위한 수단을 찾는 것에 관해 전과 달리 관대해졌다. 그러나 우리는 부모님과 언니가 죽은 이후 3년 이상 여전히 떠돌며 신전들을 방문하고, 많은 강들에서 목욕하고, 금식과 회개를 하고, 신들, 나무들, 동물들, 브라민들, 그리고 우리가 알고 있었던 모든 것을 예배했다. 최소한의 편의용품도 없이 허름한 옷을 입고 4,000 마일 이상 걸었다. 가끔 사람들이 음식을 주면 먹었지만 그렇지 않으면 굶었다. 하류 카스트를 제외한 모든 가난한 순례자와 여행자들에게 무료 숙박을 제공한 다람살라를 제외하곤 쉴 곳도 찾지 못했다. 우리는 걸어서 남인도 첸나이에서 북인도 카쉬미르까지 그리고 서인도에서 동인도까지 갔다. 1878년 꼴까따에 도착했다.(16)

라마바이는 자신의 부모님이 영웅이라고 확신한다. 부모님의 종교적 희생과 헌신이 비슷한 종류의 영적 순결과 성취를 추구한 라마바이의 영적 여행에 의심할 여지없이 도움이 됐다. 라마바이는 자주 자신의 영적 성취를 배고픔과 동일하게 여겼다. 정말 그녀와 오빠 쉬리니바스(Shrinivas)는 나중에 그녀가 표현한 것처럼 '배고픈 방랑자'가 됐다.

부모를 잃은 얼마 후 라마바이와 오빠는 성지들을 방문했고, 강에서 목욕했고, 원하는 것을 얻기 위해 남신들과 여신들을 계속해서 예배하면서 떠돌았다.

코삼비(Kosambi)는 '아마도 동시대에서 가장 여행을 많이 한 사람들'이라고 표현했다. 1907년에 라마바이는 당시 4천 마일을 방랑했다고 썼다.

(10) 순례 여행을 하면서 라마바이는 제사장들이 돈 때문에 순진한 순례자들을 속이는 것을 목격하곤 했다. 아난뜨

샤스뜨리의 가족은 남인도 첸나이(Chennai) 근처에 있는 하누만(Hanuman, 원숭이 신) 신전에 1년 가까이 머물렀지만 기도 응답을 받은 어떤 순례자도 만나지 못했다. 순례 여행으로 인해 가족의 돈이 다 떨어졌다. Pandita Ramabai, Pandita Ramabai, A Testimony, Kedgaon, Ramabai Mukti Mission, 1907, 6.

(11) 기아에 허덕인 아버지 아난뜨 샤스뜨리는 수중에 남은 마지막 돈조차도 브라민들에게 적선했다. Gregory Perry, Untold Tale of Revival: Pandita Ramabai, 2016. http://www.gracevalley.org/teaching/untold-tale-of-revival-pandita-ramabai/

(12) 그는 시력을 잃기 시작해 더 이상 경전을 읽어주며 필요한 것들을 적선 받을 수 없었다. Gregory Perry, Untold Tale of Revival: Pandita Ramabai, 2016. http://www.gracevalley.org/teaching/untold-tale-of-revival-pandita-ramabai/

(13) "아이야, 나는 이제 떠나지만 내가 너를 얼마나 사랑했는지 기억해라. 진리, 오래 지속되는 것, 그리고 우리의 신앙만 따라라. 네가 생존하면 항상 신을 섬겨라. 항상 신을 섬기는 것을 목표로 삼아라. 네가 막내라서 나에게 가장 사랑스럽다. 나는 너를 신께 드렸으니 신께서 너를 보호할 것이다. 신만이 너의 주인이다. 너는 항상 신을 섬겨야 한다." Nicol. MacNicol, The Story of Pandita Ramabai: A Builder of Modern India, Calcutta, Association Press, 1926, 69.

라마바이는 절대 아버지의 유언을 잊을 수 없었다: "아버지는 눈이 멀어 나를 볼 수 없었지만 팔로 나를 꽉 껴안고 머리와 뺨을 쓰다듬었다. 그는 감정적으로 떠듬떠듬 몇 마디를 뱉었다. 자신이 얼마나 나를 사랑했고 어떻게 선을 행할지를 가르쳤고 선의 길에서 절대 떠나지 말라고 강조한 것을 상기시켰다. 그의 유언은 내가 살아서 평생 영원히 참된 신을 섬기면 영광의 삶을 살 수 있다는 것이었다. 그는 성경이 말하는 영원히 참된 신을 알지 못했지만 마지막까지 자녀들이 영원히 참된 신을 섬기기를 열망했다." Nicol MacNicol, The Story of Pandita Ramabai: A Builder of Modern India, Calcutta, Association Press, 1926, 68.

(14) 결국 아난뜨 샤스뜨리가 78세 때 기아로 세상을 떠났을 때 근처의 브라민들이 아난뜨 샤스뜨리가 진짜 브라민인지 아닌지 몰라서 사체를 만지지 않았다. 그래서 여위고 약한 오빠가 혼자서 2마일 거리의 화장터로 사체를 옮겼다. 곧 어머니가 열과 배고픔으로 세상을 떠났다. 몇 개월 후 큰 언니 크리슈나바이도 병과 배고픔으로 숨졌다. Gregory Perry, Untold Tale of Revival: Pandita Ramabai, http://www.gracevalley.org/teaching/untold-tale-of-revival-pandita-ramabai/

(15) 라마바이가 16세 때 가족 가운데 오빠와 라마바이만 생존한 상태였다. 그들은 힌두 신앙에 큰 의심을 품었지만 다른 식의 삶을 알지 못했기 때문에 계속해서 힌두 관습을 지켰다. Gregory Perry, Untold Tale of Revival: Pandita Ramabai, 2016. http://www.gracevalley.org/teaching/untold-tale-of-revival-pandita-ramabai/

(16) 오빠가 가끔씩 일했지만 한 달에 4루삐 정도밖에 벌지 못했다. 그들은 자주 곡물을 물에 불려 먹거나 소금에 찍어 먹었다. 그들이 어디서나 본 속임수, 비현실, 그리고 탐욕은 특히 히말라야의 한 작은 힌두 신전에서 명백하게 볼 수 있었다. 그 신전이 옆에 한 호수가 있었고 호수 안에 떠다니는 작은 일곱 개의 산들이 있었다. 그 산들은 죄 없는 순례자에게는 다가왔지만 사악한 순례자에게는 다가오지 않는다고 알려져 있었다. 라마바이와 오빠가 산 앞에 엎드렸지만 산들은 움직이지 않았다. 제사장은 굶주린 악어가 있으니 물속에 들어가지 말라고 했지만 오빠는 수영

해서 산들에게 다가갔다. 오빠는 산들이 예배를 드릴만한 신비로운 형태가 아니라 단지 나무와 나무 부유물이 섞인 돌과 진흙이라는 것을 알았다. 오빠가 호수에서 나와 신들에게 드릴 물건들을 제사장에게 줬지만 한 제사장은 다가오지 말라고 소리쳤고 또 다른 제사장은 오빠를 향해 부유물을 밀어버렸다. 이 사건으로 인해 라마바이와 오빠는 힌두 신앙의 모든 자취를 잊기로 했다. Gregory Perry, Untold Tale of Revival: Pandita Ramabai, 2016. http://www.gracevalley.org/teaching/untold-tale-of-revival-pandita-ramabai/

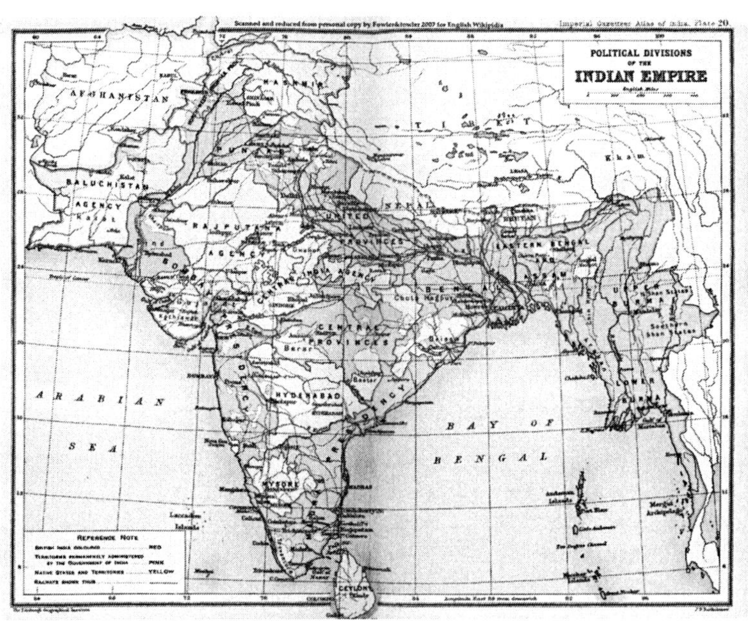

1900년대의 인도 지도

기독교 소개

오빠와 나는 꼴까따에 약 1년 간 머물면서 학식 있는 브라민들을 알게 됐다. 한 번은 기독교 모임에 초대 받았다. 우리는 한 번도 힌두 개혁가들과, 그리고 기독교인들과 사귀어 보지 않은 상태여서 기독교 모임이 어떤 것인지 몰랐다. 그렇지만 우리가 알고 있는 한 브라민이 우리에게 초대에 응하라고 조언해서 생애 최초로 기독교 모임에 참석했다.

교회 안에는 의자, 소파, 탁자, 그리고 등불이 있었다. 모든 것이 우리에게 낯설었다. 이상하게도 인도 기독교인들이 영국 남자와 여자들처럼 옷을 입었다. K. M. 바네르지(Banerji)과 깔리 짜란 바네르지(Kali Charan Banerji) 같은 일부 사람들은 브라민 성을 가졌지만 기괴하게도 '영국사람' 처럼 옷을 입고 있었다. 그곳에 모인 인도 사람들은 영국 사람들과 함께 빵, 비스킷, 그리고 차를 마쳤는데 그들이 함께 먹자는 말에 우리는 충격을 받았다. 왜냐하면 브라민이 영국 사람과 음식을 먹는 것은 힌두교에 대한 반역이기 때문이다. 우리는 깔리 유가(Kali Yuga) 즉 말세, 불화의 시대, 술 취함, 그리고 종교를 향한 반역이 정말 꼴까따에서 진행되고 있다고 생각했다.

우리는 호기심으로 예배를 지켜봤지만 무엇을 하는지 이해할 수 없었다. 그들 가운데 한 사람이 한 책을 열어 읽은 후 사람들이 자신들의 의자 앞에 무릎을 꿇었다. 어떤 사람들은 눈을 감은 채로 뭔가를 말했다. 그들은 그런 식으로 기도했지만 우리는 그들이 자신들의 하나님께 존경을 표한다는 느낌을 가질 수 없었다. 왜냐하면 그들은 무릎 꿇고 바로 앞에 놓인 의자에게 존경을 표했기 때문이다. 우리는 기독교인의 예배 형식은 품위 없다는 인상을 받았다.

기독교인들이 나에게 산크스리트어로 된 성경과 다른 좋은 것들을 줬다. 모인 사람들 가운데 성경 번역자들이 있었다. 그들은 지위가 매우 높은 노인이었다. 나는 그들의 이름을 기억하지 못하지만 그들은 성경을 읽으며 내가 개종하도록 기도했을 것이다. 성경의 표지는 마음에 들었지만 내용은 이해할 수 없었다. 성경의 용어와 가르침은 힌두 산스크리트어 경전과 아주 달라서 나는 성경을 읽는 것을 시간 낭비라고 생각했다. 그러나 그 때부터 나는 성경을 가까이 했다.

인도 동부 꼴까따: 힌두 경전 연구와 무신론

꼴까따에 머물면서 우리는 많은 학식 있는 제사장들과 사귀었다.(17) 그들 가운데 일부가 나에게 힌두 경전을 토대로 여성의 의무에 관해 빠르다(Pardah) 여성들에게 강의를 해달라고 요청했다.(18) 나는 강의를 잘 준비하려고 꼴까따에서 출판된 힌두 법에 관한 책들을 샀고 강의에 도움 되는 다른 책들도 읽었다.

라마바이의 아버지는 생전에 라마바이에게 힌두 경전들을 가르친 것으로 인해 제사장들로부터 배척을 받았지만 라마바이는 능력 검증을 위해 꼴까따의 제사장들에게서 초대를 받았다. 제사장들은 라마바이의 학식에 매우 감탄해 빤디따(여사제. 학자)와 싸라스와띠(Saraswati, 지식, 지혜, 예술의 여신)라는 칭호를 수여했다. 능력을 인정받은 그녀는 상류 카스트 여성들에게 힌두의 의무를 강의 해달라는 요청을 받았다.(19)

라마바이는 꼴까따에 머물면서 힌두 율법, 다르마 샤스트라(Dharma Shastras, 힌두 율법서), 그리고 마하바라타(Mahabharata, 힌두 경전 가운데 하나)를 읽는데 많은 시간을 보냈다. 곧 라마바이는 명확함과 뛰어난 설득력으로 뿌라나(Puranas, 힌두 경전 가운데 하나)의 유명 강사가 됐다. 20세 때 그녀는 18,000개의 산스크리트어 구절을 인용하고 다섯 개의 언어를 구사할 수 있었다.(20)

나는 다르마 샤스트라(Dharma Shastras, 힌두 율법서)를 읽으며 전에 몰랐던 것들을 많이 알게 됐다. 거의 모든 경전들에 모순된 내용들이 있었다. 한 경전이 의롭다고 한 것을 다른 경전은 의롭지 않다고 했다. 마하바라타(Mahabharata)에서 다음의 내용을 발견했다. "베다(Vedas)의 경전들은 서로 다르다. 스므리띠 즉 거룩한 법을 기록한 책들은 서로 동의하지 않는다. 종교의 비밀은 숨겨진 곳에 있다. 진리에 이르는 유일한 방법은 구루(스승, 제사장)를 따르는 것이다."

나는 모든 진리를 발견했지만 모든 것에는 두 가지 이상한 점이 있었다. 다르마 샤스트라들(Dharma Shastras, 힌두 율법서), 거룩한 서사시들, 뿌라나들(Puranas, 힌두 경전 가운데 하나)과 현대 시인들, 현대의 인기 있는 힌두 설교가들과 정통 상류 카스트들이 다음과 같이 말하는 것이다.

'상류와 하류 카스트의 여성들은 악마보다 더 부정한 존재여서 남자들과 달리 목샤(Moksha, 구원)를 얻을 수 없다. 까르마(Karma, 행위)와 행위에 대한 결과 즉 셀 수 없는 윤회와 죽음과 알지 못하는 고통에서 자유를 얻을 수 있는 유일한 소망은 남편을 예배하는 것이다. 남편은 아내의 신이다. 아내에게 다른 신은 없다. 남편이 죄인이고 큰 범죄를 저질렀어도 여전히 신이다. 그러므로 아내는 남편을 예배해야 한다. 아내는 남편의 허락 없이 스바르가(Svarga) 즉 신들의 나라로 들어갈 소망을 품을 수 없다. 아내가 모든 방법으로 남편을 기쁘게 하면 아내는 남편의 노예의 신분으로서 신들의 나라로 갈 수 있는 특권을 가질 수 있다. 아내는 신들의 나라에서 남편을 섬기고 신들이 아내의 공덕을 인정해 남편에게 제공한 수천 명의 매춘부들과 함께 남편의 아내 가운데 한 명이 된다.[21]

여성들은 높은 지위에 올라 갈 수 있지만 목샤(Moksha, 구원)나 자유를 얻기 위해서는 종교적으로 훌륭한 행위를 해야 한다. 그 행위들을 통해 공덕을 쌓아 상류 카스트 남자로 환생할 수 있다. 베다(Vedas)와 베단타(Vedanta)를 공부하기 위해서는 브라마(Brahma, 영원히 참된 존재)에 대한 지식을 쌓고 다른 사상들을 통합할 수 있어야 한다. 여성이 목샤를 얻을 수 있는 위대한 종교 행위는 자신의 남편에게 자신의 의지를 완전히 포기하는 것이다. 여성은 남편을 신으로 알고 온 마음을 다해 예배해야 한다. 가장 낮은 노예 신분으로 남편을 예배하는 것 이외에 어떤 다른 것에서도 기쁨을 찾아서는 안 된다. 여성들은 베다와 베단타를 공부할 권리가 없다. 베다와 베단타를 알지 못하고서는 아무도 브라마(Brahma, 영원히 참된 존재)를 알 수 없다. 브라마를 알지 못하고서는 아무도 영적 자유를 얻을 수 없다. 그러므로 어떤 여성도 영적 자유 또는 목샤를 얻을 수 없다.'[22]

또 같은 규칙이 수드라 카스트에게도 적용된다.

'수드라는 베다를 공부해서는 안 되고 브라민이 하는 똑같은 종교 행위를 해서도 안 된다. 베다를 계속 듣는 수드라는 자신의 귀에 액체의 납을 채우는 벌을 받아야 한다. 감히 베다의 구절들을 배우고자 하는 수드라는 목에 아주 뜨거운 액체를 붓는 벌을 받아야 한다. 수드라가 거룩한 힌두 법에 반항하거나 브라민의 자비를 무시했을 경우에도 반드시 이런 벌을 받는다. 수드라가 윤회에서 해방될 수 있는 유일한 희망은 평생 노예처럼 세 개(브라민, 크샤트리아, 바이샤)의 상류 카스트를 섬기는 것이다. 그러면 그는 상류 카스트로 환생할 수 있을 만큼의 공덕을 쌓고 수백만 년 안에 브라민으로 태어나 베다와 베단타를 배우고 브라마(Brahma, 영원히 참된 존재)를 알 수 있고 다른 사상들을 통합할 수 있다.'

이것이 힌두 경전들이 여성들과 수드라에게 말하는 마지막 소망 즉 윤회로부터의 해방이다.

'하류 카스트 사람들은 어떤 종류의 소망도 품을 수 없다. 그들은 돼지처럼 천한 동물 취급을 받는다. 그들의 그림자와 목소리는 부정하다. 그들은 신들의 나라에 들어갈 수 없고 수백 만 번의 윤회를 통해 상류 카스트로 태어나지 않는 한 윤회에서 벗어날 수 없다.

상류 카스트로 태어나려면 그들은 하인으로서 상류 카스트를 섬기고, 깨지고 더러운 진흙 그릇에 상류 카스트가 적선한 찬밥을 먹고, 누더기와 죽은 상류 카스트 사람의 버려진 옷을 입는 등 필수적으로 비천한 상태로 사는 것에 만족해야 한다. 그들은 가끔 브라민의 그림자를 밟고, 브라민의 손에서 물 몇 방울을 얻거나 브라민이 던진 젖은 옷을 얻고, 브라민 가운데 거룩한 사람들이 지나가면서 일으킨 공기를 마시는 은혜를 얻을 수 있다. 이런 것들은 하류 카스트들에게는 은혜지만 브라민들에게는 자신이 힘들게 얻은 많은 공덕을 잃는 것이다!

하류 카스트들은 상류 카스트들이 신들을 예배하는 신전에 절대 들어갈 수 없다. 그래서 불쌍한 하류 카스트들은 영적 갈급함을 채우기 위해 볼품없는 돌과 깨진 그릇을 찾아 빨간색으로 칠해 나무와 길가나 자신들이 지은 작은 신전에 놓고 예배한다. 브라민들은 자신들의 카스트를 잃을까봐 하류 카스트의 신전에 가지 않는다. 불쌍한 사람들, 불쌍한 사람들! 보지 않고는 아무도 알 수 없는 그들의 상태가 얼마나 슬픈가. 그들은 거룩한 브라민들이 가지 않는 마을 밖에 산다.'

이것들이 모든 힌두 율법서와 다른 경전들이 말하는 것이다. 나는 어려서부터 힌두교의 교리가 모호하다고 생각했지만 다르마 샤스트라(Dharma Shastras, 힌두 율법서)[23]들을 공부하면서 그 이유를 명확히 찾아냈다.

내 눈이 점점 열려서 내가 여성이기 때문에 희망이 없다는 것을 알았다. 내가 종교적 위로를 받을 수 없다는 것이 훨씬 더 명확해졌다. 나는 내 자신에게 전혀 만족할 수 없었다. 나는 샤스트라들이 나에게 줄 수 있는 것 이상의 어떤 것을 원했지만 그것이 무엇인지는 알 수 없었다.

하루는 오빠와 내가 께샵 짠드라 센(Keshab Chandra Sen)[24]으로부터 초대를 받았다. 그는 우리를 아주 친절하게 맞이한 후 집 안으로 안내해서 자신의 아내와 딸들을 소개했다. 그는 자신의 딸 가운데 하나를 얼마 전 꾸쯔 베하르(Cuch Behar)의 왕과 결혼시켜서 브라민들의 비난을 받았다. 왜냐하면 그가 14세 이하의 딸은 결혼시키지 말아야 한다는 브라민의

규칙을 어겼기 때문이다.[25]

께샵 짠드라 센(Keshab Chandra Sen)은 나에게 베다를 공부했는지 물었다. 나는 여성들은 베다를 읽어서는 안 된다고 말했고 읽는 것은 종교 규칙을 깨는 것이라고 부정적으로 말했다. 그는 내 말에 웃고 아무 대답도 하지 않은 채 베다와 우빠니샤드(Upanishads, 힌두 경전 가운데 하나)를 공부하라고 조언하며 나에게 베다를 한 권 줬다.[26]

새로운 생각들이 내 심장을 깨우고 있었다. 나는 스스로에게 왜 베다와 베단타를 공부하지 말아야 하는지 물었다. 곧 나는 여성이 베다를 읽는 것은 잘못이 아니라고 내 자신을 설득했다. 그리고 먼저 우빠니샤드를 읽은 후 베단타를 읽었다. 그러나 내 자신을 향해 불만이 더 쌓였다.

그런 상황에서 오빠가 죽었다.[27]

아버지는 내가 종교에 정통하길 원해서 내가 어렸을 때 결혼시키지 않았었다. 아버지는 언니를 동년배의 소년과 결혼시켰지만 그 소년은 종교적 삶을 공부하지도, 실천하지도 않았다. 그래서 그녀의 삶이 비참했다. 아버지는 내가 똑같은 일을 겪지 않도록 결혼시키지 않았던 것이다. 나를 결혼시키지 않은 것은 카스트 규칙을 지키지 않은 것이었다. 그래서 아버지는 브라민 사회 밖으로 추방당하는 고통을 겪어야 했다. 그러나 그는 내가 경전을 공부해서 종교적으로 행복해 질 수 있는 기회를 가질 수 있도록 자신만의 용기로 모든 핍박을 이겨내는 등 자신이 옳다고 생각한 것을 실행했다. 아버지는 돌아가셨고 나는 22살 때까지 미혼이었다.

내 선조의 종교에 대한 믿음을 잃은 후 나는 수드라 카스트 출신의 뱅갈리와 결혼했다. 그러나 남편이 결혼 16개월 만[28]에 콜레라로 죽어서 나는 아이 하나와 함께 세상을 헤쳐 나가야 했다.

(17) 라마바이는 꼴까따(옛 지명은 캘커타)에서 1년간 머물렀다. Gregory Perry, Untold Tale of Revival: Pandita Ramabai, 2016. http://www.gracevalley.org/teaching/untold-tale-of-revival-pandita-ramabai/

(18) 라마바이는 꼴까따에 도착하기 전 이미 힌두 경전의 대가로 알려졌다. 그래서 꼴까따에 도착했을 때 제사장들이 초대하고 강의 요청을 한 것이다. 라마바이는 또한 시인이자 학자였다.
https://en.wikipedia.org/wiki/Pandita_Ramabai. 2016년 12월 2일 오후 3시 20분.

(19) 캘커타대학교의 유명한 세 교수들이 라마바이를 검증했는데 그들은 20세 여성의 학식에 놀랐다. 라마바이는

18,000개의 바가바트 뿌라나(Bhagavat Purana)의 구절들을 암송했는데 그뿐 아니라 질문을 받았을 때도 즉흥적으로 산스크리트어 시를 답했다. 그녀는 경전에 깊은 조예를 갖췄고 담대했지만 한 편으로 부드럽고 겸손했다. 세 교수는 "유명한 제사장들이 당신의 초월적인 능력에 감탄하고 놀랐습니다. 우리는 당신이 이 세상에 속한다고 보지 않습니다. 사라스와띠 여신(Saraswati, 학문, 지혜, 예술의 여신)이 우리 가운데 오셨다고 믿습니다." 라고 말하고 라마바이에게 사라스와띠라는 칭호를 수여했다. 곧 한 뱅갈리 학자가 그녀에게 '빤디따'(Pandita)라는 칭호를 수여했다. 빤띠따(Pandita)는 가장 학식 있는 사람들을 칭하는 빤디뜨의 여성형이다. 라마바이가 인도에서 그런 칭호를 받은 최초의 여성이었으므로 그 소식이 즉시 전 인도에 퍼져 그녀는 하룻밤 만에 유명해졌다. Padmini Sengupta, Pandita Ramabai Saraswati: Her Life and Work, Bombay, Asia Publishing House, 1970, 1.

그녀가 강의 요청을 받은 책은 다르마 샤스뜨라(Dharma Sastras, 힌두 율법서) 였다. Gregory Perry, Untold Tale of Revival: Pandita Ramabai, 2016. http://www.gracevalley.org/teaching/untold-tale-of-revival-pandita-ramabai/

(20) 산스크리트어, 마라티어, 카나라어, 힌디어, 뱅갈리어를 말한다. Gregory Perry, Untold Tale of Revival: Pandita Ramabai, 2016. http://www.gracevalley.org/teaching/untold-tale-of-revival-pandita-ramabai/

(21) 남편이 없는 아내는 예배드릴 신이 없는 것이다. Pandita Ramabai, Pandita Ramabai, A Testimony, Kedgaon, Ramabai Mukti Mission, 1907, 9.

(22) 다르마 샤스트라(Dharma Shastras, 힌두 율법서)를 읽으면서 힌두 여성의 비참한 삶을 알게 된 라마바이는 남은 생애를 여성들의 삶의 질을 향상시키는데 바치기로 결심했다. Gregory Perry, Untold Tale of Revival: Pandita Ramabai, 2016. http://www.gracevalley.org/teaching/untold-tale-of-revival-pandita-ramabai/

(23) 다르마 샤스트라(Dharma Shastras)는 삶의 '상황'에 적용해야 하는 힌두 율법서다. 18-100권의 책이 있는데 서로 상반된 해석이 많다. 다르마 샤스트라(Dharma Shastras)는 기원전 1세기에 생긴 다르마수뜨라(Dharmasutras)에 뿌리를 두고 있는데 다르마수뜨라(Dharmasutras)는 베다 경전 전통을 따르고 있다. 베다는 기원전 2세기에서 1세기 초반에 기록됐다. https://en.wikipedia.org/wiki/Dharma%C5%9B%C4%81stra. 2016년 12월 13일 오후 5시 40분.

(24) 일신론 개혁자(theistic reformer)였다. https://en.wikipedia.org/wiki/Pandita_Ramabai. 2016년 12월 2일 오후 3시 20분.

(25) 라마바이는 아버지가 자신의 딸이 성년이 되기 전에 결혼시켜야 한다는 다르마 샤스뜨라스(Dharma Shastras, 힌두 율법서)를 읽고 분노했다. Pandita Ramabai, Pandita Ramabai, A Testimony, Kedgaon, Ramabai Mukti Mission, 1907, 9.

(26) 베다는 힌두교에서 가장 신성시하는 책이다. 센이 라마바이에게 베다를 한 권 줬을 때 라마바이는 당황했다. 왜냐하면 힌두 개혁가였던 라마바이의 아버지조차 딸이 베다를 읽는 것을 좋아하지 않았기 때문이다. Gregory Perry, Untold Tale of Revival: Pandita Ramabai, 2016. http://www.gracevalley.org/teaching/untold-tale-of-revival-pandita-ramabai/

(27) 오빠 쉬리니바스(Shrinivas)는 1880년 끌까따에서 죽었다. https://en.wikipedia.org/wiki/Pandita_Ramabai. 2016년 12월 2일 오후 3시 20분.

오빠는 병석에서 혼자 남은 라마바이에게 무슨 일이 생길지를 걱정했다. 라마바이뿐 아니라 오빠는 남편, 아버지, 또는 오빠 없이 여인에게는 소망이 없다는 것을 알고 있었다. Gregory Perry, Untold Tale of Revival: Pandita Ramabai, 2016. http://www.gracevalley.org/teaching/untold-tale-of-revival-pandita-ramabai/

오빠와 라마바이는 지난 2년 동안 자신들이 믿기 시작했던 일신론의 확신에 관해 대화를 나눴다. 라마바이는 "우리 곁에 아무도 없지만 신께서 오빠와 나를 돌보시고 있어요."라고 말하자 오빠는 "아, 신께서 우리를 돌보시고 계시다면 나는 아무 것도 두려워하지 않아." 라마바이는 그때를 회상한다. "정말 내가 외로움 속에 있을 때 마치 신께서 내 곁에 계신 것 같았어요. 저는 신의 존재를 느꼈어요." Nicol MacNicol, The Story of Pandita Ramabai: A Builder of Modern India, Calcutta, Association Press, 1926, 84.

오빠는 라마바이의 말에 위로를 받았으나 라마바이에게 결혼을 하라고 요청했다. 라마바이의 큰 언니가 결혼 후 비참한 결혼 생활을 하다가 헤어진 것 때문에 아버지는 라마바이를 결혼시키지 않았었다. Gregory Perry, Untold Tale of Revival: Pandita Ramabai, 2016. http://www.gracevalley.org/teaching/untold-tale-of-revival-pandita-ramabai/

(28) 라마바이의 남편은 1882년 죽었다. https://en.wikipedia.org/wiki/Pandita_Ramabai. 2016년 12월 2일 오후 3시 20분.

뱅갈 생활: 결혼, 영적 갈증, 기독교 체험

나는 4년 간 뱅갈과 아쌈에 살았고 뱅갈어를 배웠다. 남편과 함께 아쌈(Assam)의 실짜르(Silchar)에서 사는 동안 나는 도서관에서 소책자를 발견했다. 뱅갈어로 기록된 누가복음이었다. 나는 그것이 어떻게 도서관에 보관돼 있는지 몰랐지만 큰 흥미를 가지고 읽기 시작했다.

씰리짜르에는 앨런(Allen)이라 불리는 침례교 출신의 선교사가 한 명 있었다. 그가 가끔 나를 방문해 복음을 전했다. 그는 먼저 창세기 1장을 설명했다. 성경의 천지창조 이야기는 내가 읽은 뿌라나와 샤스뜨라의 모든 이야기와 달라 나는 큰 흥미를 느꼈다. 천지창조 이야기는 나를 진리로 인도했지만 나는 내 생각과 믿음을 설명할 수 없었다.

힌두교에 대한 믿음을 잃은 후 조금 나아진 상태에서 영적 갈증을 느껴 내가 할 수 있는 모든 노력을 기울여 기독교에 대해 적극적으로 배웠다. 그리고 새 종교에 완전히 만족한다면 기독교인이 되고 싶다고 밝혔다. 그러나 기독교 학교에서 공부한 남편은 성경을 아주 잘 알고 있었지만 기독교인이 되고자 하지 않았다. 그는 아내가 공적으로 세례를 받고 경멸받는 기독교 공동체의 일원이 되는 것을 정말 싫어했다. 그는 화를 냈고 앨런 선교사에게 더 이상 우리 집에 오지 말라고 하겠다고 말했다. 남편이 오래 살았다면 무슨 일이 생겼을지 정말 모르겠다.

라마바이의 남편 비핀 베하리 다스(Bipin Behari Das)[29]는 교육 받은 사람이었다. 그는 꼴까따 대학교에서 학위를 받고 실헤트(Sylhet) 법정에서 변호사로 일했다. 그녀는 브라민이 수드라 카스트와 결혼할 수 없다는 힌두 율법과 '내 남편도 나도 힌두교를 따르지 않는다.'는 확신 때문에 1872년 제정된 현지인 결혼 관계법에 따라 1880년 6월 법원[30]에서 결혼했다. 결혼 후 남편은 자신의 카스트 사회에서 축출 당했다. 아삼의 실짜르(Silchar)에서 살면서 그녀는 기독교 신앙의 원리에 대해 침례교 선교사 이삭 앨런으로부터 처음으로 성경을 배웠다.

라마바이와 남편은 어린 과부들을 위한 학교를 시작할 계획을 세웠다. 그러나 결혼 16개월 만에 남편이 콜레라로 죽어서 그녀는 어린 딸을 가진 과부가 됐다. 남편의 죽음으로 인해 그녀는 인도 여성들을 향한 깊은 동정심을 느끼기 시작했다.[31]

나는 정말 종교가 필요했다. 나는 힌두교 안에서 더 이상 소망을 꿈꿀 수 없었다. 브라모교(Brahmo, 신 힌두교)도 신뢰할 수 없었다. 브라모교는 사람이 자신을 위해 만든 것 이상 아무 것도 아니었다. 사람이 자신을 위해 모든 종교에서 자신에게 이로운 것을 선택하고 모아 만든 것이 브라모교다. 브라모교에는 모든 인류가 공통으로 갖고 있는 인간의 타고난 재능과 선과 악에 대한 감각 이상 아무 것도 없다. 그래서 브라모교는 나를 만족시킬 수도, 만족시키지도 못했다. 그러나 나는 여전히 정통 힌두교보다 나은 브라모교의 장점을 좋아하고 믿긴 했다.

(29) 라마바이의 남편의 본명은 비핀 베하리 메드비(Bipin Behari Medhvi)다. 그는 뱅갈리 카야스타(Bengali Kayastha) 즉 수드라 출신이었다. 그래서 두 사람의 결혼은 힌두 율법을 어긴 것이었다. https://en.wikipedia.org/wiki/Pandita_Ramabai. 2016년 12월 2일 오후 3시 20분. 인도 동부 뱅갈리 사회에서 다스(Das)는 카야스타(Kayastha) 즉 수드라를 뜻한다. https://en.wikipedia.org/wiki/Das_(surname). 2016년 12월 7일 오후 1시 10분.

오빠가 죽은 6개월 후 라마바이는 비핀 베하리다스 메드비와 결혼했다. 죽기 1년 동안 메드비와 친하게 지냈던 오빠가 그에게 최소한 다섯 차례 라마바이와 결혼하라고 요청했다. 라마바이는 메드비를 잘 알았고 존경했기 때문에 결혼했다. 메드비와 라마바이는 힌두교도 기독교도 믿지 않아서 법정에서 결혼했다. 힌두들은 라마바이가 결혼하지 않은 것을 경멸했지만 그녀가 수드라 카스트와 결혼하자 수치라고 여겼다. 그들은 브라민과 수드라의 결혼을 용서받을 수 없는 카스트 파괴라고 생각했다. 그 결혼으로 인해 메드비도 직장을 잃었다. 힌두 전통을 깬 결혼 때문에 라마바이는 많은 브라민 친구들과 후원자들을 잃었다. Gregory Perry, Untold Tale of Revival: Pandita Ramabai, 2016. http://www.gracevalley.org/teaching/untold-tale-of-revival-pandita-ramabai/

(30) 위키 피디아는 그들의 결혼 날짜가 1880년 11월 13일이라고 밝히고 있다. https://en.wikipedia.org/wiki/Pandita_Ramabai. 2016년 12월 2일 오후 3시 20분.

(31) 메드비는 30세의 나이로 죽었다. 맥 니콜(MacNicol)은 메드비가 결혼 16개월이 아니라 19개월 만에 죽었다고 한다. (Genesis Books 출판사의 편집한 내용에 따르면 그들의 결혼식은 1880년 6월이다. 만약 남편이 16개월 만에 죽었다면 1881년 10월이고, 맥 니콜의 주장처럼 19개월 만에 죽었다면 1882년 1월임. 위키 피디아의 주장처럼 그들의 결혼식이 1880년 11월 13일이라면 남편이 죽은 날짜는 또 달라진다. 역자-주). 나중에 라마바이는 하나님께서 남편의 죽음을 통해 어떻게 선을 이루셨는지 말했다. "큰 슬픔을 통해 나는 하나님께서 더 가까이 갔다. 나는 하나님께서 나를 가르치고 있다고 느꼈고 내가 하나님께 다가가면 하나님께서 나를 받아주실 것이라고 느꼈다." Nicol MacNicol, The Story of Pandita Ramabai: A Builder of Modern India, Calcutta, Association Press, 1926, 93.

남편이 죽기 몇 개월 전(1881년 4월 16일)에 딸이 태어났다. 딸의 이름은 마노라마바이였는데 '마음의 기쁨'이라는 뜻이다. Gregory Perry, Untold Tale of Revival: Pandita Ramabai, 2016. http://www.gracevalley.org/teaching/untold-tale-of-revival-pandita-ramabai/

라마바이와 그녀의 딸, 마노라마

뿌네 생활

남편이 죽은 후 나는 뿌네로 돌아와 1년 간 살았다. 힌두 개혁파의 지도자들과 기독교 기도 모임 회원들이 나에게 친절하게 대해줬고 약간의 도움도 줬다. 사람들 가운데 메스르스(Messrs), 라나데(Ranade), 모닥(Modak), 까(Kelkar), 그리고 반다르까르(Bhandarkar) 박사가 나에게 큰 친절을 베풀었다.(32)

영국 고등 성공회(High Church, 매주 성만찬을 하는 교단)와 연결돼 미혼 여자 선교사로 일하고 있었던 허포드(Hurford)가 나에게 와서 마라티어로 신약을 가르치곤 했다. 그때부터 나는 영어를 배우기 시작했지만 쓸 수도 없었고 말할 수도 없는 상태였다. 그녀는 초등학교 교재로 나를 가르치곤 했지만 나는 그런 교재보다 신약을 공부하는 것에 더 흥미를 느꼈다. 고레흐 성공회 신부(Rev. Father Goreh)는 나에게 와서 힌두와 기독교의 차이점을 설명해 준 또 한 명의 선교사였다. 나는 그들에게서 큰 은혜를 입었다.(33)

과부가 되자 라마바이는 인도의 모든 과부처럼 거친 흰색 면으로 만든 사리를 입고 머리를 깎았다. 그러나 그녀는 자신이 다른 과부들과 정말 다르다는 것을 인식했다. 자신의 주위에 있는 젊은 과부들을 봤다. 당시 인도에 2백 2십만 명의 과부가 있었을 것이다. 그녀는 자신이 과부임에도 불구하고 자신의 교육과 자유를 생각했고 인도의 소녀들을 도울 수 있기를 간절히 바랐다. 그녀는 사회 문제 해결을 위해 뭔가를 하려고 착수했다.

그녀는 인도 동부 뱅갈에서 중부 뿌네로 가서 아르야 마힐라 싸마즈(Arya Mahila Samaj, 고귀한 여성회)를 설립했다.(34) 뿌네에 과부와 고아를 위한 기관을 세운 후 나중에 뭄바이에도 세워 여성들에게 생계를 위한 기초 교육과 훈련을 제공했다.

곧 그녀는 인도 여성 인권과 복지를 위한 대변자가 됐다. 그녀는 의학을 배워 의사로서 인도 여성들을 돕고자 영국에 가고자 했다.

1882년 인도 정부가 인도 교육 위원회를 설립했을 때 그녀는 검증된 소수에 포함돼 위원이 됐다(헌트 위원회도 참고할 것). 그녀는 여성의 삶 개혁에 대한 견해로 인도뿐 아니라 영국에서도 명성을 얻었다. 그녀는 위원회에서 인도 여성들을 위해 여성 교사 훈련과 학교 여성 장학사가 필요하다고 말했다. 그녀는 영구적인 여성 교육의 개혁과 정부의 지속적인 지원을 보장하기 위해 그런 조치가 필요하다고 느꼈다. 그녀는 위원회에서 99 퍼센트의 남성들이 여성 교육에 반대한다고 말했다.(35) 인도의 '여성 의사의 필요' 주제에 관한 그녀의 제안은 인도 여성을 위한 의료 보조의 필요성에 대한 영국 개혁가들의 토론을 촉진시켰다. 그녀는 인도 여성들이 남성 의사들의 진료를 거부하기 때문에 훈련 받은 여성 의사가 필요하다고 역설했다. 라

마바이의 말에 따르면 여성 의사가 부족해 '수백 명의 여성들이 어린 나이에 죽었다.' 그녀는 정부에 여성들에게 의료 교육을 제공해 달라고 요청했다. 또한 인도 여성들도 의대에 입학할 수 있어야 한다고 주장했다. 그녀의 주장은 큰 반향을 일으켰고 영국 빅토리아 여왕에게까지 전달됐다. 라마바이의 영향을 받아 더퍼린(Dufferin) 부인이 여성 의료 운동을 펼쳤다.

인도 여성 의료 상황에 대한 관심은 의사가 되고자 하는 열망으로 번졌다. 인도 전체를 여행하면서 힌두 여성들의 고통에 계속적으로 연민을 느낀 그녀는 '가치 있는 삶을 위해 나를 바치자. 인도 여성들에게 도움을 주자.'라고 다짐했다. 몇 몇 기록에 의하면 라마바이는 이런 일을 위해 도움을 원했지만 기부금을 받는 것에는 신중했다. 그래서 그녀는 1883년 『스트리 다르마 니띠』(Stree Dharma Neeti, 여성 도덕)를 집필해 책 판매 수익금으로 영국에 갔다. 영국에서 교수법과 교육 사업을 완전히 익히고 싶어 했다.[36]

라마바이는 캠브리지와 옥스퍼드대학교의 막스 뮐러 교수와 다른 사람들의 인정과 추천으로 첼튼햄(Cheltenham) 여대의 산스크리트어 교수로 임용돼 2년간 일했다.[37]

(32) 남편이 죽은 후 라마바이는 영어를 배우기 위해 딸을 데리고 남인도 첸나이로 갔다. 남편의 죽음으로 인해 예상되는 비난을 피하기 위한 것이었다. 과부들은 자주 남편의 죽음으로 인해 비난을 받는다. 라마바이는 자신의 카스트가 아닌 사람과 결혼한 후 남편이 죽었으므로 더 심한 비난이 예상됐다. 그녀는 곧 첸나이를 떠나 뿌네에 있는 찌뜨빠완 브라민 지식인 센터로 갔다. 사회개혁운동 지도자 라나데(M. G. Ranade) 판사가 그녀에게 힌두 경전과 여성 해방 연속 강의를 자신의 집에서 해달라고 요청했다. 당시 그의 아내는 정부에서 운영하는 여성 훈련학교의 교장인 허포드 선교사에게서 영어와 성경을 배우고 있었다. 라마바이도 허락을 받고 영어와 성경 공부에 참여했다. Gregory Perry, Untold Tale of Revival: Pandita Ramabai, 2016.
http://www.gracevalley.org/teaching/untold-tale-of-revival-pandita-ramabai/

(33) 고레흐 신부도 라마바이처럼 찌뜨빠완 브라민 출신이자 산스크리트어 학자였다. 그는 34년 전 개종한 상태였다. 라마바이는 그에게서 배웠지만 어떤 상황에서도 기독교로 개종하지는 않을 것이라고 한 신문에 기고했다. 그 선언은 아마도 내적 혼란을 감추기 위한 것이었을 것이다. 왜냐하면 그녀는 계속해서 심각하게 예수님의 사상에 관심을 갖고 있었기 때문이다. Gregory Perry, Untold Tale of Revival: Pandita Ramabai, 2016. http://www.grace-valley.org/teaching/untold-tale-of-revival-pandita-ramabai/

(34) 아르야 마힐라 사마즈의 설립 목적은 여성 교육 운동과 조혼 반대 운동을 펼치기 위함이었다. https://en.wikipedia.org/wiki/Pandita_Ramabai. 2016년 12월 2일 오후 3시 20분.

라마바이는 '아르야 마힐마 사마즈'(고귀한 여성회)를 설립해 매주 토요일에 모임을 가졌다. 그 모임은 조혼의 고통을 받는 인도 여성들을 해방시키기 위한 목적이었다. 열심에 불탄 라마바이는 여성들의 영적인 부분과 실제적인 부분 둘 다를 위해 일했다. Padmini Sengupta, Pandita Ramabai Saraswati: Her Life and Work, Bombay, Asia

Publishing House, 1970, 97.

(35) 교육 받은 인도 남자의 99%는 여성 교육과 적절한 여성의 사회적 지위에 반대한다. 그들은 여성에게서 사소한 잘못이라도 목격하면 확대해서 여성의 존엄성을 파괴한다. https://en.wikipedia.org/wiki/Pandita_Ramabai. 2016년 12월 2일 오후 3시 20분.

1882년 6월 한 강의에서 그녀는 말했다. "남성들은 여성들을 노예로 본다. 우리는 이런 상황에서 벗어나기 위해서 노력해야 한다. 어떤 사람들은 우리들의 행동이 남성들을 향한 반역이자 죄라고 말할 것이다. 남성들의 악행이 비난받지 않고 남성들의 악행에 순응하는 것은 큰 죄다." Gregory Perry, Untold Tale of Revival: Pandita Ramabai, 2016. http://www.gracevalley.org/teaching/untold-tale-of-revival-pandita-ramabai/

그녀는 소망 없는 여성들을 위한 운동을 펼칠 뿐 아니라 직접 실천했다. 라마바이는 남편의 친척들로부터 버림받아 거리에서 거지로 살고 있었던 12세 과부 타꾸바이(Thakubai)를 만나 그녀를 자신의 집으로 데려왔다. 타꾸바이는 나중에 샤르다 사단의 성경 교사가 됐다. Gregory Perry, Untold Tale of Revival: Pandita Ramabai, 2016. http://www.gracevalley.org/teaching/untold-tale-of-revival-pandita-ramabai/

(36) 여성 교육과 해방된 여성들을 위한 훈련 그리고 영어와 성경을 공부하기 위해 영국으로 갔다. 여행비용을 마련하기 위해 생애 최초로 145쪽 분량의 『여성 도덕』(Morals for Women)이라는 마라티 책을 출판했다. 그녀는 책에 인도의 매춘부들을 위해 큰 기회들을 달라고 호소했다. 필요한 비용을 충분히 마련할 만큼 책이 팔렸지만 그녀는 기독교로 개종한 후 이 책을 포함해 개종 전에 쓴 다른 책들을 재인쇄 하지 말라고 출판사에 요청했다. Gregory Perry, Untold Tale of Revival: Pandita Ramabai, 2016. http://www.gracevalley.org/teaching/untold-tale-of-revival-pandita-ramabai/

(37) 1883년 초 영국으로 간 라마바이는 처음에 원티지(Wantage) 수녀원에 머물다가 1884년 9월 첼튼햄 여대의 학생 겸 교수가 됐다. 그녀는 산스크리트어를 가르쳤고 고등 수학, 자연과학, 영문학, 그리고 그리스어를 공부했다. 그녀는 유명한 영어 교육가이자 여대의 학장인 도로티아 빌(Dorothea Beale)과 친해졌다. 빌의 토요일 저녁 성경공부 참석으로 믿음도 강해졌다. Gregory Perry, Untold Tale of Revival: Pandita Ramabai, 2016. http://www.gracevalley.org/teaching/untold-tale-of-revival-pandita-ramabai/

영국 유학: 기독교에 감동하다

나는 1883년 초 공부하고자 하는 마음과 삶에 필요한 것들을 배울 목적을 갖고 영국으로 갔다. 영국에 도착했을 때 나는 인도 중부 뿌네의 마리아의 집에서 일했던 허포드 선교사의 소개로 친절한 성공회 소속 원티지(Wantage) 수녀원의 수녀들을 만났다. 수녀들이 나를 수녀원으로 데려갔고 그들 가운데 한 명이 나에게 세속 과목과 종교 과목 모두를 가르치기 시작했다. 그녀는 내 영적 어머니가 됐다. 나는 그녀와 첼턴햄 여대(Cheltenham ladies' College)의 여성 학장 빌(Beale) 수녀에게 영원한 빚을 졌다. 이 두 분의 수녀들은 내 삶에 도움이 될 수 있는 과목들을 가르치느라 애를 많이 썼다. 내가 배운 것들은 대부분 영적인 것들이었다. 그들의 어머니 같은 친절함과 깊은 영적 영향력이 내 인격을 형성하는데 큰 도움이 됐다. 내가 이 두 수녀에게서 기독교인의 사랑을 받도록 허락해 주신 하나님께 감사드린다.

한 번은 수녀원장이 나를 교환 학생 자격으로 수녀원의 런던 지부로 보냈다. 수녀들은 나에게 구조 사역을 보여줬다. 나는 전에 쉼터에 있었던 몇 명의 여성들을 만났다. 그들은 쉼터에서 완전히 변해 그리스도의 사랑과 고통당하는 인류를 위한 동정으로 충만해 자신들의 삶을 병자와 약자들을 봉사하는데 헌신한 상태였다. 거기서 나는 내 삶에 처음으로 매춘부들을 살리는 일을 목격했다. 힌두들이 카스트 밖(outcaste)의 존재이며 무자비한 존재라고 여기는 기독교인들이 사회에서 천하게 여겨지는 불행한 여성들에게 인정을 베풀고 있었다.

나는 인도에서 힌두들이 매춘부들을 위해 어떤 일을 했다는 것을 듣거나 목격하지 못했다. 매춘부에게 친절하게 말을 걸었다는 사람을 듣지도, 사악에서 그들을 돌이키려고 어떤 노력을 했다는 사람을 만나지도 못했다. 힌두 경전들은 그런 여성들을 친절하게 다루지 않는다. 힌두의 율법은 왕이 매춘부들을 마을 밖에서 개의 먹이가 되도록 해야 한다고 명령한다. 힌두 사회에서 매춘부들은 큰 죄인이고 동정을 받을 가치가 없다.

풀햄(Fulham)의 수녀원에서 십자가의 수녀들(the Sisters of the Cross)의 구제 사역을 본 후 나는 힌두교와 기독교 사이에 큰 차이가 있다는 것을 생각하기 시작했다. 나는 나를 지도한 수녀들에게 '매춘부'들을 돌보고 살리는 이유가 뭐냐고 물었다. 수녀 한 명이 사마리아 여인을 만나서 참된 예배의 본질에 대해 놀라운 말을 하는 예수님의 이야기를 나에게 읽어주고 설명해 줬다. 그녀는 죄인들을 향한 예수님의 무한한 사랑을 말해줬다. 예수님은 죄인들을 경멸하러 오신 것이 아니라 구원하기 위해서 오셨다는 것이다. 나는 힌두 경전에서 이런 종류의 이야기를 읽지도 듣지도 못했다. 나는 요한복음 4장을 읽은 후 예수님이 정말 하나님께서 보낸 구원자라는 사실을 깨달았다. 예수님이 자신이 구원자라고 주장했고 실제로 오직 예수님만 인도와 다른 곳의 짓밟힌 여성들을 변화시키고 사회적으로 존경 받도록 할 수 있다.

기독교인들의 봉사활동을 통해 기독교에 감동을 받은 나는 고레흐(Goreh) 성공회 신부가 쓴 책을 읽고 성경의 진리를 지적으로 확신했다. 그리고 원티지 수녀원의 수녀들과 함께 살고 있었던 1883년 후반 영국 성공회에서 세례를 받았다. 나는 내가 전에 알고 있었던 어떤 종교보다 나은 새 종교를 찾아서 행복했고 정말 기뻤다. 나는 내 행동이 내 인도 친구들과 다른 인도 사람들을 아주 분노하게 할 것이라고 잘 알고 있었지만 절대 후회하지 않았다. 나는 힌두 경전의 가르침보다 나은 것에 갈급했었다. 나는 성경에서 더 나은 진리를 발견했고 만족했다.(38)

라마바이는 여성 공중 보건에 관한 관심을 가지고 1883년 영국으로 의학을 공부하러 갔다. 그녀는 원티지(Wantage)에 있는 성공회 동정녀 마리아 공동체(the Anglican Community of St. Mary the Virgin)의 후원을 받았다. 수녀들이 숙식을 제공하고 영어를 가르쳐줬고 대신 산스크리트어를 배웠다. 영국으로 가기 전 그런 준비 상황으로 인해 많은 힌두 친구들이 라마바이가 영국에 가서 개종할 것이라고 의심했다. 그러나 그녀는 "어떤 것도 나를 기독교인이 되도록 설득하기 못할 것이다."라고 말하며 안심시켰다.

그러나 수녀들이 그녀에게 신약성경을 권했을 때 그녀는 핍박 받는 사람들을 위해 일하신 예수님의 복음 이야기에 깊은 감명을 받았다. 특히 사마리아 여인 같은 사람들에 대한 예수님의 태도에 큰 감동을 받았다. 그녀의 여권주의(feminism)가 새 신앙으로 회복됐다. 그녀는 예수님이라면 정말 '억압받는 인도 여성들을 변혁시키고 향상시킬 것이다.'라고 인식했다. 나중에 그녀는 이렇게 썼다. '우리는 주 예수님의 가르침이 전능하신 하나님에게서 온 것이라는 것을 느낄 수 있다. 그리고 전능하신 하나님은 한 민족, 한 부류, 한 카스트만 사랑하시는 것이 아니라 그의 손으로 만드신 모든 피조물을 마음으로 품으신다. 인도의 소년과 소녀들이 예수님이 하나님의 계시라는 것을 알게 된다면 인도에게 복이 될 것이다.'

라마바이는 1883년 가을 원티지 수녀원에서 '마리아 라마'라는 세례명으로 세례를 받았다. 이 사건은 인도 뿌네에 있는 모든 사람들을 놀라게 했다. 왜냐하면 그녀는 영국으로 가기 전 영국에 가도 개종할 의도가 없다고 명확하게 말했기 때문이다. 1882년 12월 인도 빤다르뿌르(Pandharpur)에서 그녀는 기독교인이 되고자 하는 마음이 없다고 공개적으로 말했었다. 그녀는 정치적으로 왕성하게 활동하고 있었고 1883년 인도 국민회의당 총회의 소수의 지도자 가운데 한 명이었다.(39)

라마바이의 개종 소식은 개혁의 기운이 감돌고 있었던 인도에 폭풍을 일으켰다.[40]

세례와 성인식 후 나는 기독교를 더 철저히 공부하기 위해 기독교 교리에 관한 다양한 책들을 읽었다. 그러나 교파마다 성경을 아주 다르게 가르치고 있다는 것을 발견하고 정말 혼란스러웠다. 각각의 교파는 특별한 교리를 주장하고 다른 교파와의 차이점을 설명하기 위해 성경의 권위를 이용했다. 예를 들면, 퀘이커교도(Quaker), 일신론자(Unitarian), 만민구원론자(Universalist), 로마 천주교, 유대교 그리고 다른 교파들 그리고 내가 만난 유심론자(Spiritualist), 신지학교도(Theosophists), 몰몬교(Mormons), 기독교 과학자들 그리고 신비주의자들이다. 아무도 내가 기독교 국가들 안에 있는 종교의 바벨탑과 각각의 교파마다 성경을 다르게 가르친다는 것을 발견한 후 느낀 감정을 이해할 수 없을 것이다. 나는 신지학교도(Theosophists)들에게서 인도의 이단(Nastikas)을, 몰몬교(Mormons)에게서 잡다한 사상을 믿는 힌두를, 유심론자(Spiritualist)들에게서 귀신과 악마 숭배자를, 기독교 과학자들에게서 옛 예단주의자(Yedantists)를 볼 수 있었다. 그들의 가르침은 내게 새로운 것이 아니었다. 그것들은 인도에 있었던 것들이었기 때문에 나는 그들의 옛 동양적 특성을 알고 있었다. 그들을 미국에서 봤을 때 나는 그들이 인도 옷을 미국의 기후와 조건에 맞춰 서양식으로 바꾸기만 했다고 생각했다.

정통과 비정통 기독교 교파의 차이점에 대해 나는 인간이 그것들을 만들었다는 점을 제외하고 다른 것을 생각할 수 없었다. 그 차이점은 힌두교 교파들 안에 존재하는 것 같았다. 기독교 교파들을 통해서 나는 그들이 서로 싸우기만 하고 하나 됨의 의식이 전혀 없다고 생각했다. 나는 새로 찾은 종교에 아주 만족했지만 지적으로 이해하기까지 상당히 어려움을 겪어서 더 나은 어떤 것을 갈망했다. 세례 받은 지 8년이 지났고 나는 기독교에 대해 많은 것을 알았지만 불행하게도 기독교의 생명이자 '세상에 오신 모든 사람의 빛' 이신 예수님을 만나지는 못했다.[41]

라마바이는 인도를 사랑했고 항상 전통과 관습의 노예 상태인 여성들을 해방시키는 어려운 일을 하길 원했다.

첼튼햄에 거주하는 동안 사람들이 그녀에게 딸을 영국으로 데려와 교육시켜야 한다고 제안했다. 그러나 그녀는 이렇게 말했다. "내 딸 마노를 영국에서 키우고 싶지 않습니다. 나는 그녀가 인도 사람이 되고 인도 사람처럼 인도를 사랑하기를 바랍니다. 나는 그녀가 인도를 낮

섧게 여기거나 거만한 존재가 되기를 원하지 않습니다. 마노와 나는 영국 사람들처럼 세련되지도, 거만하지도 않습니다. 마노가 영국에 살면 그녀는 확실히 영국 여자가 될 것입니다. 어느 정도 세월이 흐른 후 마노가 영국에서 인도로 돌아온다 해도 그녀는 외국인처럼 행동할 것이고 결코 인도 사람들의 마음을 감동시키지 못할 것입니다. 나는 마노가 너무나 교만해져서 자신이 인도 사람이라는 것을 잊기를 원하지 않습니다."[(42)]

(38) 원티지 수녀원에 머무는 동안 고레흐 신부로부터 편지를 받았다. 편지 속 글은 『기독교가 하나님께서 주신 종교라는 증거가 있나요?』(Is There Any Proof that Christianity is a Divinity-given Religion?)였는데 나중에 책으로 출판됐다. 그 글을 읽은 후 라마바이는 기독교 신앙이 진리라는 것을 지적으로 확신했다. 그녀는 수녀들을 통해 여성들을 동정하고 여성들에게 소망을 심어주는 기독교에 이미 매력을 느끼고 있던 상태였다. 그녀는 자신의 개종이 인도에 큰 폭풍을 일으킬 것이라는 것을 알았지만 1883년 9월 29일 딸과 함께 원티지 교회에서 세례를 받았다. 집례자는 동정녀 마리아 공동체 설립자 윌리엄 부틀러(William Butler) 수석 신부였다. Gregory Perry, Untold Tale of Revival: Pandita Ramabai, 2016. http://www.gracevalley.org/teaching/untold-tale-of-revival-pandita-ramabai/

(39) 그녀는 국민의회당 소속으로 독립운동에 참여했다. https://en.wikipedia.org/wiki/Pandita_Ramabai(2016. 12. 2일 오후 3시 20분)

(40) 세례 후 그녀는 인도에 있는 사람들이 자신에게 더 이상 관심을 갖지 않는다는 것과 개종이 인도에서 효과적으로 일하는데 방해요소가 될 것을 알았다. 인도의 유명한 개혁주의 신문인 인두 쁘라까쉬(The Indu Prakash)는 1883년 6월 11일 다음의 기사를 실었다. "오! 진실로 학식 있는 여성이여! 우리는 그녀의 개종이 사실이 아니길 바랍니다. 우리 모두는 그녀의 외모와 유창하게 말을 구사하는 그녀의 혀에 놀랐습니다. 겸손하고 지적이고 타고난 연설 말입니다. 달콤하고 활기도 있지요. 그러나 이제 그 모든 것이 사라졌고 쓰레기가 돼 버렸습니다. 오, 여사제님! 당신은 수많은 친구들과 팬들을 확실히 실망시켰습니다!" Padmini Sengupta, Pandita Ramabai Saraswati: Her Life and Work, Bombay, Asia Publishing House, 1970, 141.

(41) 사람들이 말하길, 라마바이는 자신이 새로 찾은 신앙에서 중요한 것이 빠졌다는 것을 발견했다고 한다. "내가 새 종교에 아주 만족했지만 내 마음은 아직 발견하지 못한 더 나은 것을 위해 갈급했다. 세례 받은 지 8년이 지나서도 나는 기독교가 나에게 아주 좋다고 여겼다. 그러나 나는 기독교의 생명이자 '세상에 오신 모든 사람의 빛'이신 예수님을 만나지 못했다." Padmini Sengupta, Pandita Ramabai Saraswati: Her Life and Work, Bombay, Asia Publishing House, 1970, 15.

그녀는 예수님을 충분히 알지 못했고 만나지도 못했다. 그녀에게 없어서는 안 될 한 가지가 부족했다. Gregory Perry, Untold Tale of Revival: Pandita Ramabai, 2016. http://www.gracevalley.org/teaching/untold-tale-of-revival-pandita-ramabai/

영국뿐 아니라 미국에 머무는 동안 그녀는 기독교 신앙 안에서 허우적거렸다. 수많은 기독교 교파들로 인해 혼란스러웠다. 그녀는 나중에 기독교인이 된 후의 8년간을 돌아봤다. 그녀는 지식적으로는 예수님을 믿었지만 마음으로는 아직 믿지 않았다. Pandita Ramabai, Pandita Ramabai, A Testimony, Kedgaon, Ramabai Mukti Mission, 1907, 16.

(42) 이 말은 라마바이가 1살 된 딸을 영국으로 데려오지 않았다는 암시를 주고 있지만 페리(Gregory Perry)는 그녀가 딸과 함께 영국에서 세례를 받았다고 밝힌다. 처음부터 딸을 영국에 데려갔는지 아니면 나중에 데려갔는지에 대한 자료를 찾을 수 없다. Gregory Perry, Untold Tale of Revival: Pandita Ramabai, 2016.
http://www.gracevalley.org/teaching/untold-tale-of-revival-pandita-ramabai/

영국에서 찍은 사진. 라마바이와 그녀의 딸, 마노라마, 1886

그리스도를 찾다

내가 그리스도를 찾지 못한 것은 누구의 잘못도 아니었다. 그는 처음부터 나에게 드러내셨음에 틀림없다. 당시 나는 너무 무디어 성경의 가르침을 붙잡을 수 없었다. 열린 성경이 내 앞에 놓여 있었지만 나는 성경에 대한 다른 책들을 공부하는데 많은 시간을 투자해서 성경 그 자체를 공부하지 못했다. 그래서 성경의 중요한 내용에 대해 많이 무지했다. 영국 생활을 마치고 미국을 방문한 후 성경에 대한 책들을 공부하는 것을 단념하고 성경만 규칙적으로 읽었다. 그런데 2년 간 성경을 읽으면서 나는 정말 행복하지 않았다. 내 영적 상태에 대해 불만족했다.

어느 날 업무 차 뭄바이 〈보호자 선교회 출판부〉에 갔다. 거기서 나는 전도자 하슬람(Haslam)이 쓴 『죽음에서 생명으로』(Death into Life)라는 책 한 권을 샀다. 큰 흥미를 갖고 그의 경험을 읽었다. 영국 성공회 신부가 된 그는 좋은 교구를 담당했고 교회와 연계된 모든 기독교 활동에 관심을 가졌다. 어느 날 자신의 교회의 한 여성도가 그에게 꼭대기에서부터 건물을 지으려고 시도하고 있다고 비난했다. 하슬람 신부가 진심으로 예수님을 믿지 않고 거듭남과 구원을 경험하지 못했다는 말이다. 나는 개종에 대한 그의 설명과 그리스도를 위한 일을 읽었다. 그리고 내 자신의 현재 상태와 나에게 실제로 필요한 것을 생각하기 시작했다.[(43)]

나는 성경을 펴서 하나님께서 주신 말씀을 묵상했다. 내가 지적으로 이해할 수 없는 아주 많은 내용들이 있었다. 나는 나에게 필요한 것은 예수님의 종교가 아니라 예수님이라는 한 가지 사실을 깨달았다.

내 머리 속에 박혀 있는 옛 생각들의 일부가 있었다. 예를 들어, 나는 회개와 죄를 포기하려는 결정은 죄를 용서 받는데 필수적이라고 생각했다. 세례를 재생의 의식이라고 생각해서 세례를 받았을 때 내 죄가 정말로 씻겼다고 믿었다. 힌두 사상과 유사한 그런 생각들이 나를 가뒀다. 세례 후 몇 년 간 나는 남녀 모두에게 동등하게 은혜를 베푸는 종교를 발견한 것에 행복했다. 기독교 안에는 카스트, 피부 또는 성별에 따른 차별이 존재하지 않았다. 이 모든 것은 의심할 여지없이 아름다웠다. 그러나 다음을 이해하지 못했다. '여러분은 하나님 때문에 그리스도 예수님 안에 있게 되었는데 예수님은 하나님께로부터 와서 우리의 지혜가 되셨고 또 우리를 의롭게 하고 거룩하게 하며 우리 죄 값을 지불하여 우리를 구원해 주신 분이십니다.' (고전 1:30). 나는 하나님의 자녀가 되기 위해 그리스도와 대속을 절대적으로 믿어야 할 필요성을 인식하지 못했다. 나는 이 점과 다른 점들에 대해 생각을 명확하게 정리할 수 없어서 절망했다. 나는 하나님을 만날 준비를 하지 못한 상태였다. 죄가 나를 통치하고 있었다.

전체적으로 내가 하나님의 양자의 영을 받지 못해서 성령님이 내가 하나님의 자녀인 것을 증언하지 않았다.

'성령님의 인도를 받는 사람은 다 하나님의 아들들입니다. 여러분은 다시 두려워해야 할 종의 영을 받은 것이 아니라 하나님의 아들이 되게 하는 성령을 받았습니다. 그래서 우리는 성령님을 통해 하나님을 '나의 아버지' 라고 부릅니다. 바로 그 성령님이 우리 영과 함께 우리가 하나님의 자녀라는 사실을 증거 하십니다.' (롬 8:14-16).

어떻게 해야 할까? 나는 해결책을 찾을 수 없었다. 결국 나는 아무 것도 할 수 없었고 무조건적으로 구원자에게 내 자신을 드렸다. 그에게 자비를 베풀어 나에게 의와 구속이 되어 내 모든 죄를 제거해 달라고 요청했다. 나는 구원자가 크고 참을 수 없는 짐으로 힘들어 하는 사람을 이해할 수 있는 분이라고 믿었다. 나는 내가 무조건적으로 항복을 한 방법과 항복을 해서 참 포도나무의 가지 즉 내 구원자 그리스도 예수님에게 입양돼 하나님의 자녀가 됐다는 것을 알았을 때의 감정을 표현하지 못할 것이다. 내가 하나님께서 나에게 하신 모든 일을 표현할 수 없을지라도 나는 가장 큰 죄인인 나에게 사랑을 베풀어주신 하나님께 감사드린다. 모든 것 가운데 최고인 주님은 나에게 죄의 성향과 내가 끔찍한 죄의 위험 즉 영원히 꺼지지 않는 지옥 불속에 있었다는 것과 '세상을 정말 사랑하셔서 자신의 독자까지 주신' 사랑을 보여주셨다. 하나님은 내 죄를 대속하기 위해 자신의 아들을 주셨다. 성경은 하나님은 자신의 사랑을 실천하기 위해 나를 기다리시지 않고 오히려 내 생각과 상관없이 사랑을 베푼다고 말한다. 성경은 또한 그리스도 안에는 남녀 구별이 없다고 말한다.

'예수 그리스도를 믿는 사람이면 누구나 차별 없이 하나님께 의롭다는 인정을 받습니다. 모든 사람이 죄를 지어 하나님의 영광스러운 표준에 미치지 못하였으나 예수 그리스도께서 마련하신 구원의 길을 통해 하나님의 은혜로 값없이 의롭다는 인정을 받게 되었습니다. 하나님께서는 그리스도 예수님의 피를 죄에서 구원하는 제물로 삼으시고 누구든지 그분을 믿으면 하나님과 화목하게 하셨습니다. 그것은 하나님께서 지금까지 참으심으로 그냥 지나쳐 왔던 과거의 모든 죄를 오늘날 그리스도로 말미암아 해결하심으로 자기의 의로우심을 나타내셔서 자기도 의로우시며 예수님을 믿는 사람도 의롭다고 인정하기 위해서입니다.' (롬 3:22-26).

내 글을 읽는 독자 가운데 어둠이외에 아무 것도 없는 방에 갇혀 자신에게 정말 필요한 것을 찾으려고 더듬은 사람이 있는지 모르겠다. 요한복음 9장에 나오는 맹인보다 절실했던 사람은 없을 것 같다. 맹인으로 태어나 40년을 살던 그는 어느 날 갑자기 자신에게 시력을 주신 전능자를 발견했다. 티끌만한 희망도 품을 수 없었던 그가 낯을 본 기쁨을 누가 묘사할 수 있겠는가? 영적인 전도자들조차 묘사하려고 하지 않았다. 그러나 나는 내가 느낀 것을 희미하게나마 표현하고자 한다. 내 영의 눈이 열렸을 때를, 어둠에 앉아 있었던 내가 엄청난 빛을 봤을 때를, 그리고 내가 방금 전에 정말 죽음의 그림자 안에 앉아 있었을 때 빛이 솟아올랐던 것을 말이다. 나는 정말 '나사렛 예수 그리스도의 이름으로 일어나 걸어라. (중략). 그는 뛰고 걸어서 사람들과 함께 예배당으로 들어가서 걷고 뛰고 하나님을 찬양했다.' 의 주인공 같았다.

나는 내가 죄의 속박과 죽음의 두려움에서 자유를 얻어 영생을 얻도록 내 대신 십자가를 지고 죽은, 심지어 십자가 형벌을 받고 죽은 하나님의 복을 받은 성자를 기대했다. 길 잃은 죄인인 나를 위해 자신의 독자까지 죽음에 이르게 한 하나님의 표현할 수 없는 사랑이여! 나는 그 사랑을 받을 가치가 없다. 그래서 하나님께서 나에게 사랑을 베푸셨다.

하나님의 진리가 내가 어린 시절부터 생각한 잘못된 사랑과 얼마나 다른가. 나는 현재 또는 미래의 행복 즉 스바르가(Svarga, 신들의 나라)의 행복을 얻거나 정말 상상할 수 없는 목샤(Moksha, 구원) 또는 영적 해방을 위해 공덕을 쌓아야 한다고 믿었다. 여자로 태어난 이래 여자이기 때문에 힌두교의 율법에 따라 목샤의 소망을 품을 수도 없었고 품지도 않고 있었다. 그런데 브라민 제사장들은 여성들과 수드라와 낮은 카스트들이 어떤 목샤를 소망할 수 있다는 믿음을 주면서 속이고 있다. 그러나 우리가 스스로 힌두 경전의 율법을 공부하거나 높은 위치에 있는 제사장들에게 물어보면 우리는 힌두 경전에 여성과 수드라와 낮은 카스트들을 위한 것은 아무 것도 없다는 것을 발견할 수 있다. 제사장들은 우리 같은 존재도 남편과 브라민을 섬기는 방법으로 신들의 나라에 들어갈 수 있다고 한다. 그러나 마지막으로 복 받는 신분은 브라민들이지 여성과 낮은 카스트들이 아니다. 그러나 기독교 성경은 다음과 같이 말한다.

'우리가 아직 무력한 상태에 있을 때에 그리스도께서 우리 죄인들을 위해 죽으셨습니다. 혹시 선한 사람을 위해 죽겠다고 나서는 사람은 있을는지 몰라도 의로운 사람을 위해 죽는 사람은 거의 없습니다. 그러나 우리가 아직 죄인이었을 때에 그리스도께서 우리를 위해 죽으심으로 하나님께서 우리에 대한 사랑을 나타내셨습니다. 이제 우리가 그리스도의 피로 의롭다는 인정을 받았으니 틀림없이 그분을 통해 하나님의 무서운 형벌에서 구원을 받을 것입니다. 우리가 하나님과 원수 되었을 때 그리스도의 죽으심으로 하나님과 화목하게 되었다면 화목을 이룬 우리가 그의 사심으로 구원받게 될 것은 뻔한 일입니다.' (롬 5:6-10).

'하나님은 외아들을 세상에 보내셔서 우리가 그를 통해 살 수 있게 하심으로 우리에게 자기의 사랑을 나타내셨습니다. 그러므로 우리가 하나님을 사랑한 것이 아니라 하나님께서 우리를 사랑하셔서 자기 아들을 보내 우리를 죄에서 구원하는 제물로 삼아주셨습니다.' (요일 4:9, 10).

얼마나 표현할 수 없을 정도로 좋은가! 인도에서 나처럼 구원을 소망할 수 없는 여성들에게 얼마나 좋은 소식인가! 성경은 그리스도가 이 놀라운 구원을 특정한 카스트나 성별에게만 주지 않는다고 말한다. '그러나 그분은 자기를 영접하고 믿는 사람들에게는 하나님의 자녀가 되는 특권을 주셨다. 이 사람들이 하나님의 자녀가 된 것은 핏줄이나 육체적 욕망이나 사람의 뜻으로 된 것이 아니라 하나님의 뜻에 의해서 된 것이다.' (요 1:12, 13). '이것은 구원을 주시는 하나님의 은혜가 모든 사람에게 나타났기 때문입니다.' (딛 2:11), '그러나 우리 구주 하나님은 자비와 인류에 대한 사랑으로' (딛 3:4).

구원 즉 영생은 카스트, 성별, 직업, 사람을 차별하지 않는다. 하나님은 '우리의 죄를 대속' 하기 위해 자신이 보낸 아들을 믿는 모든 사람에게 구원을 무료로 주셨다. 나는 이 구원이 존재하는지 그렇지 않은지에 대한 티끌만큼의 의심도 없었다. 나는 브라마(Brahma, 영원히 참된 존재)를 알기 위해 수 백 만 번의 탄생과 죽음을 겪은 후 브라민 남자로 태어날 때까지 기다릴 필요가 없었다. 브라민 남자로 태어난다고 해서 소망을 향한 기쁨과 행복이 있었나? 없었다. 오직 무의 상태로 휩쓸려 들어갔을 뿐이다. 성자 하나님은 말씀하신다. '내가 분명히 너희에게 말한다. 내 말을 듣고 나를 보내신 분을 믿는 사람은 영원한 생명을 얻었으므로 심판을 받지 않을 것이다. 그는 이미 죽음에서 생명으로 옮겨 간 것이다.' (요 5:24).

'만일 우리가 사람의 증거를 인정한다면 하나님께서 그의 아들에 대하여 증거 하신 훨씬 더 강력한 증거를 인정해야 합니다. 하나님의 아들을 믿는 사람은 자기 마음속에 이 증거를 가지고 있습니다. 하나님을 믿지 않는 사람은 하나님을 거짓말쟁이로 만든 것입니다. 이것은 하나님이 자기 아들에 대하여 증거 하신 것을 그가 믿지 않았기 때문입니다. 그 증거는 하나님이 우리에게 영원한 생명을 주신 것과 이 생명이 그분의 아들 안에 있는 이것입니다. 하나님의 아들을 모신 사람은 생명을 가졌으나 아들을 모시지 않은 사람은 생명이 없습니다. 나는 하나님의 아들을 믿는 여러분이 영원한 생명을 가졌다는 것을 알게 하려고 이 글을 씁니다.' (요일 5:9-13). 성령님은 말씀으로 나에게 그리스도를 통해 하나님께서 주시는 구원이 현재 존재한다는 것을 그리고 구원이 미래에 있을 어떤 것이 아니라는 것을 명확하게 알려주셨다. 나는 그것을 믿고 구원받아 기쁨으로 충만했다.

(43) 1891년 하나님께서 영국 전도자 하슬람(W. Haslam) 목사가 쓴 『죽음에서 생명으로』(Death into Life)를 사용하셨다. 그의 개종 경험을 통해 라마바이는 자신에게 그런 진짜 내부 변화가 필요하다는 것을 깨달았다. Gregory Perry, Untold Tale of Revival: Pandita Ramabai, 2016. http://www.gracevalley.org/teaching/untold-tale-of-revival-pandita-ramabai/

이웃들에게 예수님의 사랑을 전하는 라마바이

복음 전파

16년 전에 새로운 꽃잎이 내 삶 속으로 들어왔다. 그때부터 나는 주 예수 그리스도를 내 구세주로 믿고 그와 달콤한 교제의 기쁨을 누리고 있다. 내 삶은 기쁨으로 충만한 상태다. '주님은 내 힘이요 노래다. 그는 내 구원이 되셨다.' 나는 이제야 예언자가 한 다음의 말의 의미를 이해한다. '당신은 기쁨으로 구원의 우물에서 물을 길을 것이다.' 나는 거의 기쁨을 억누를 수 없다.[44] 나는 '물 항아리를 두고 자신의 도시로 가서 사람들에게 다음과 같이 말한 사마리아 여인을 이해할 수 있다. "와서 한 사람을 보세요. 그가 내가 한 모든 일을 나에게 말했어요. 그리스도 아니면 누굴까요!"

나는 내 친구들에게 주 예수님이 나에게 하신 위대한 일을 말해야 한다고 느꼈다. 나 같은 큰 죄인을 살리신 하나님은 다른 사람도 살리실 수 있다고 확신했다. 내가 해야 할 유일한 일은 사람들에게 하나님과 죄인을 향한 그의 사랑과 사람들을 구원하시는 하나님의 놀라운 능력을 말하는 것이었다. 내 독자들은 내가 이렇게 말하는 것에 대해 잘못을 찾지 못할 것이다. 그러나 내 진실한 경험은 너무 거룩해서 대중에게 알릴 수 없다. 왜 내가 대중에게 알려야 하나? 그러나 필요하기 때문에 알려야 한다. '내가 복음을 전하지 않으면 정말, 화가 있을 것이다.' (고전 9:16). 나는 가능한 많은 남성과 여성들에게 '그리스도 예수님이 나 같은 죄인을 살리러 오셨다. 그는 나를 구원하셨다. 그를 찬양하라!' 고 말해야 한다고 확신했다. '그러므로 자기를 힘입어 하나님께 나아가는 자들을 완전하게 구원하실 수 있으니 이는 그가 항상 살아 계셔서 그들을 위하여 간절히 구하심이라' (히 7;25).

전에 나는 종교를 포함한 모든 것의 진리를 찾고자 시험하길 원했다. 나는 내가 태어난 힌두교를 시험했다. 내가 아는 한 나는 모든 것을 시도했다. 책들을 공부했을 뿐 아니라 책들이 말한 것을 실천했다. 다른 힌두들은 여전히 같은 일을 했다. 그들의 모든 의무를 지켰다. 슬픈 결말은 그들도, 나도 구원받지 못했다는 것이다. 나는 다른 것에서 도움을 찾아야 한다는 긴박한 영적 필요를 느꼈다. 나는 예수님을 찾는 것을 막는 오래되고 거만한 선조의 종교에 대한 자부심을 포기해야 했다. 사람들은 구원을 얻지 못했다는 것을 잘 알면서도 힌두교의 율법을 따랐다. 그들은 예수님 외에 절대 구원의 기쁨을 맛볼 수 없다.

나는 갈급한 영혼들이 많다는 것을 알고 있다. 아마도 그들 가운데 일부는 내 말이 도움이 될 것이다. 나는 그런 형제, 자매들에게 빨리 예수 그리스도를 통해 거저 주시는 하나님의 위대한 사랑을 무시하지 말고 받아들이라고 열심히 권할 것이다.(히 2:1-3). '다른 이에게서는 구원을 얻을 수 없습니다. 하늘 아래에 우리가 구원받을 수 있는 다른 이름이 인간에게 주어진 일이 없기 때문입니다.' (행 4:12).

그러므로 자부심이나 다른 어려움 때문에 시간을 낭비하지 마라. 예수님을 믿으면 당신이 카스트 밖으로 쫓겨날지 모른다. 가장 가깝고 사랑하는 사람들이 당신을 거절하고 핍박할 것이다. 당신은 임시적인 지위와 부를 잃을지도 모른다. 그러나 걱정하지 마라. 예수님을 믿음으로 얻을 위대한 사랑을 체험할 것이고 예수님을 향한 믿음은 당신이 큰 희생을 겪고서라도 가질 가치가 있다. 맞다. 모든 부와 이익과 세상의 기쁨은 구원의 기쁨과 비교할 수 없다.

반면 당신이 두 번 죽어서 표현할 수 없는 고통을 느끼며 영원한 불의 호수에서 살아야 한다면 세상의 부와 위대함이 무슨 쓸모가 있는가. '사람이 온 세상을 얻고도 자기 생명을 잃으면 무슨 유익이 있겠느냐? 사람이 자기 생명을 무엇과 바꿀 수 있겠느냐?' (막 8:36-37).

"나는 사랑하는 형제와 자매들이 서둘러 예수님을 통해 하나님과 화해하기를 정말 권합니다. 심판 날이 빨리 오고 있으므로 서둘러서 하나님의 진로로부터 피하세요. 하나님은 당신과 나를 공평하게 심판할 것입니다. 하나님은 사랑의 존재여서 당신이 하나님의 위대한 구원을 받아들이도록 인내심을 가지고 기다리고 있습니다."

'하나님의 자비로 인해서 사람이 회개하게 된다는 것을 모르고 오히려 그분의 넘치는 자비와 너그러움과 참으심을 업신여긴단 말입니까?' (롬 2:4).

나는 내 안에 성령님이 존재하시며 나를 인도하시고 가르친다는 것을 알았다. 그것은 큰 복이었다. 주님이 약속한 달콤한 기쁨을 경험했다. '여호와께서 말씀하신다. 내가 너를 지도하여 네 갈 길을 가르치고 너를 지켜보며 인도하리라.' (시 32:8).

성령님이 내가 올바른 방법으로 하나님의 모든 약속을 이행하고 순종하도록 가르치셨다. 나는 자주 하나님께 순종하지 못했지만 그는 나를 부드럽게 꾸짖으시고 내 잘못을 보여주셨다. 그는 다양한 방법으로 나를 꾸짖는 것이 필요하다고 보신다. 그는 약속하신다. '내가 너희와 함께 하여 너희를 구원하겠다. 내가 너희를 흩어 보낸 그 나라들은 완전히 없애 버려도 너희만은 전멸시키지 않겠다. 그러나 내가 너희를 정당하게 징계할 것이며 너희를 전혀 벌하지 않은 채 그대로 내버려 두지는 않을 것이다' (렘 30:11).

나는 많이 실패하고 있지만 주님이 원하시는 대로 고쳐지고 있다. 하나님은 모든 곳에서 역사하신다는 것을 아는 것이 항상 도움이 된다. 그러면 투덜댈 여지가 없다. 주님의 목소리를 마음에 두고 온 마음으로 순종할 때마다 나는 행복하고 모든 것이 순조롭다. 믿음의 시련, 어려움, 그리고 고통도 큰 복이다. 1891년 이래 나는 내가 약한 가운데서도 예수님의 증인이 되려고 노력해 오고 있다. 그리고 기독교인의 삶의 가장 큰 기쁨은 사람들에게 예수님과 죄인들을 위한 그의 위대한 사랑을 전하는 것이라는 것을 항상 느낀다.

12년 전 나는 '중국내지선교회 이야기', '죠지 뮬러의 기도 응답', 그리고 새 헤브리디스 제도 선교회 설립자 '존 G. 페이튼의 삶' 등 영감을 주는 책들을 읽고 허드슨 테일러, 뮬러, 그리고 페이튼 이 위대한 세 사람의 경험에 큰 감동을 받았다. 그들은 각각 몇 년 사이에 하늘나라로 갔다. 나는 그들의 삶을 읽고 다른 나라에서처럼 인도에서도 주님을 신뢰하는 것이 가능한지 아닌지 궁금했다. 나는 인도에 하나님이 자신의 사람들에게 신실하다는 것과 성경의 진리를 실제로 보여줄 선교회들이 설립되기를 정말 바랐다.

나는 왜 선교사들이 인도에 믿음 선교회(faith missions)를 설립하러 오지 않았는지 계속해서 궁금해 했다. 그때 주님께서 나에게 말씀하셨다. "다른 사람들이 설립하기를 바라는 대신 네가 시작하면 어떠냐? 사람은 자신이 어려운 일을 하는 대신 다른 사람이 해주기를 쉽게 바란다." 나는 '고요한 작은 목소리'로 크게 혼났다.

나는 당시 인도에 믿음 선교회들이 있는지 몰랐다가 소수가 이미 일하고 있다는 것을 알게 됐다. 하나님께서 인도 사람들의 생명, 보건, 조언, 음식, 물, 옷, 그리고 삶의 필요들을 채우기 위해 그들을 이곳에 보내주신 것에 감사드린다. 가장 중요한 사실은 인도 사람들이 그 필요를 통해 빌립보서 4장과 19절 그리고 성경의 여러 부분에 나오는 약속들이 사실이라는 것을 경험으로 알게 되었다는 것이다.[45] '아무것도 염려하지 말고 모든 일에 기도와 간구로 여러분이 필요로 하는 것을 감사하는 마음으로 하나님께 말씀드리십시오.' (빌 4:6). '나의 하나님이 그리스도 예수님을 통해 영광가운데서 그의 풍성함으로 여러분에게 필요한 모든 것을 넘치게 채워 주실 것입니다.' (빌 4:19). '나는 너희를 이집트에서 인도해 낸 너희 하나님 여호와이다. 너희 입을 크게 벌려라. 내가 채워 주겠다.' (시 81:10). '여호와를 신뢰하는 것이 사람을 의지하는 것보다 낫고 여호와를 신뢰하는 것이 권세 있는 자를 의지하는 것보다 낫다.' (시 118:8-9).

나는 모든 문제와 염려를 주님께 맡겼다. 우리 기관에는 1,500명 이상이 거주하고 있다. 우리는 부유하지도, 위대하지도 않지만 행복하다. 우리는 매일 양식을 하늘의 하나님의 사랑의 손으로부터 직접 얻는다. 1 빠이사도 남지 않고 매일 필요한 것 이상도 받지 않고, 은행계좌도 없고, 세상에서 어떤 기부금이나 수입도 받지 않는 대신 오직 성부 하나님에게만 의지한다. 우리는 어떤 사람도 두려워하지 않고, 잃을 것도 없고, 후회할 일도 없다. 주님은 우리의 무궁한 보물이다. '영원하신 하나님이 너의 피난처이시며 그의 영원하신 팔이 너를 붙드신다. 그가 원수들을 네 앞에서 쫓아내시며 그들을 멸하라 하시는구나.' (신 33:27).

우리는 확신을 가지고 하나님의 품 안에 쉬고 있고 그는 사랑과 성실로 우리를 대하신다.

내가 그런 아버지 그리고 그의 선함으로 인해 내가 느끼는 기쁨을 어떻게 말로 표현해 감사를 드릴 수 있을까? '(다윗의 시) 내 영혼아, 여호와를 찬양하라! 내 속에 있는 것들아, 다 그의 거룩한 이름을 찬양하라. 네 영혼아, 여호와를 찬양하며 그의 모든 은혜를 잊지 말아라. 그가 너의 모든 죄를 용서하시며 너의 모든 병을 고치시고 네 생명을 파멸에서 구하시며 너에게 풍성한 사랑과 자비를 베풀고 네 삶을 좋은 것으로 만족하게 하셔서 네 젊음을 독수리처럼 새롭게 하신다.' (시 103:1-5).

(44) "내 삶은 기쁨으로 가득 차 있습니다... 나는 기쁨을 억누를 수도 보관할 수도 없습니다." Pandita Ramabai, Pandita Ramabai, A Testimony, Kedgaon, Ramabai Mukti Mission, 1907, 22.

(45) 라마바이에게 믿음 생활은 더 완전한 순종과 더 무조건적인 항복을 의미했다. 그녀는 자신의 남은 삶에 적용한 이 새로운 신앙생활을 회상한다. "주님께서 나에게 믿음으로 한 걸음 떼라고 부르셨고 내가 순종한 이래 나는 정말 행복하다. 영적 생활, 옷, 음식, 물 그리고 모든 필요한 것을 하나님께 의지하기 위해 나는 순종했다. 짧게 말해서, 하나님의 약속은 참되고 가장 복되다는 것을 시험으로 깨달았다." From Pandita Ramabai, A Testimony, Kedgaon, 1907, as quoted by Basil Miller, Pandita Rambai: India's Christian Pilgrim, Grand Rapids, Zondervan, 1949, 61.

뭄바이: 샤르다 사단 설립

영국에 머물고 있던 라마바이는 1886년 미국 펜실베니아 여대 졸업식에 초대를 받아 미국에 갔다. 졸업생 가운데 그녀의 먼 사촌 여동생 아난디바이 조쉬(Dr. Anandibai Joshi)가 있었고 그녀는 의학 학위를 받은 첫 인도 여성이 됐다.

그곳에서 만난 진정한 친구 보들리(Bodley) 학장은 그녀에게 미국에 한 동안 머무르면서 인도에서 추진할 것들을 준비하라고 제안했다. 그녀는 공립학교, 유치원[(46)], 직업 훈련 분야에 자신에게 기회의 문이 열려 있는 것을 봤다.

그녀는 자신의 여행에 관한 책을 썼고 『빤디따 라마마비, 미국을 만나다』(Pandita Rambai's American Encounter)라는 제목으로 번역해 출판했다. 그 책은 여행 안내서이자 미국 문화 안내서다. 그녀는 그 책에 미국과 인도 여성의 지위를 비교했고 인도가 미국과 같은 개혁의 길을 걸어야 한다고 제안했다. 그렇다고 해서 그 책의 미국 사회를 비난하지 않은 것은 아니었는데 그녀는 특히 인종차별주의를 언급했다. 그러나 많은 미국 지지자들이 그녀를 지지했다.[(47)]

그녀는 또한 『상류 카스트 힌두 여성』(High Caste Hindu Women)[(48)]이라는 책을 출판해 많은 지역에 팔았고 그 수익금을 원티지 수녀원의 수녀들과 과부의 집 설립에 기부했다.

라마바이는 미국에 있는 동안 샤르다 사단(Sharda Sadan, 배움의 집) 기숙학교의 설립을 위해 모금하면서 인도로 돌아갈 계획을 세웠다. 그녀가 미국 청중들에게 연설했을 때 그들은 감동 받아 웃고 눈물을 흘리며 박수로 화답하고 갈채를 보냈다.

(46) 라마바이는 인도에서 최초로 유치원 학습법을 소개했다. http://www.mukti-mission.org/mukti/History.htm. 2016년 12월 2일 오후 2시 20분.

(47) 6년간의 해외 생활(영국과 미국)을 마치고 1889년 2월 뭄바이로 돌아오자마자 이 책을 썼다. 출판되자마자 당시의 가장 훌륭한 책 가운데 하나라는 평가를 받았고 곧 뭄바이대학교의 교과서로 채택됐다. 그녀는 일부 미국 관습과 특징을 비난했지만 미국 정부제도, 교육 상황, 그리고 여성의 상태에는 감탄했다. Gregory Perry, Untold Tale of Revival: Pandita Ramabai, 2016. http://www.gracevalley.org/teaching/untold-tale-of-revival-pandita-ramabai/

(48) 라마바이가 영어로 쓴 최초의 서적이다. 조혼과 어린 과부 등 힌두 여성의 삶의 어두운 면을 다뤘다. 그녀는 이 책을 자신이 미국에서 인도로 돌아오기 6개월 전에 죽은 자신의 사촌 여동생 아난드바이 조쉬(Dr. Anandibai Joshi)

에게 헌정했다. https://en.wikipedia.org/wiki/Pandita_Ramabai(2016. 12. 2일 오후 3시 20분)

라마바이가 집필한 가장 중요한 책 가운데 하나다. 아난디바이 죠쉬는 1887년 2월에 죽었다. Gregory Perry, Untold Tale of Revival: Pandita Ramabai, 2016. http://www.gracevalley.org/teaching/untold-tale-of-revival-pandita-ramabai/

니콜 맥니콜 박사(Dr. Nicol MacNicol)는 그 책을 "미래를 대신해 인도 남자들과 과거를 열정적으로 고발한 책이다."이라고 요약했다. Nicol MacNicol, The Story of Pandita Ramabai: A Builder of Modern India, Calcutta, Association Press, 1926, 119.

이 책에서 라마바이는 의도적으로 부끄러워하지 않고 "그리스도가 인도 여성들의 소망"이라고 선언했다. Basil Miller, Pandita Rambai: India's Christian Pilgrim, Grand Rapids, Zondervan, 1949, 41.

그녀는 미국 사람들에게 인도 여성들을 도와달라고 호소하면서 책을 끝맺었다. "인간애의 이름으로, 인간애의 주장에 대해 하나님의 일꾼이 가진 거룩한 책임감의 이름으로, 그리고 무엇보다도 가장 거룩한 하나님의 이름으로, 나는 여러분, 미국의 여성들과 남성들에게 민족, 카스트 또는 교리에 상관없이 신속하게 인도 여성들을 도와달라고 외칩니다." Quoted in Padmini Sengupta, Pandita Ramabai Saraswati: Her Life and Work, Bombay, Asia Publishing House, 1970, 174

19년 전 7월에 나는 인도 여성의 복지에 지대한 관심을 갖고 있는 사람들의 초대를 받아 미국 필라델피아를 거쳐 샌프란시스코로 갔다. 정말 선하신 하나님은 미국에서 나에게 성실하고 진실한 사람을 만나게 해주셨다. 그는 내 일을 돕기로 약속했다.(49)

처음에 나는 완전히 교육에만 관련된 일을 했다. 나는 뭄바이에 도착하면 과부의 집을 시작하려고 계획을 짜고 있었다. 샌프란시스코에서 4개월 이상 거주한 후 샌프란시스코의 금문교에서 출발할 날이 됐다. 나는 일본과 중국을 거쳐 뭄바이로 갈 예정이었다.

출발하는 날 나는 마치 이상한 나라와 이상한 사람들에게 가는 것 같았다. 내 앞 길은 완전히 막막한 것처럼 보였다. 나는 무릎을 꿇고 사랑이신 하늘의 하나님의 돌보심에 내 자신을 맡기고 배에 올라탔다. 당시 내 믿음은 아주 희미해서 나는 내가 죽은 후 천국에 갈지 지옥에 갈지 조차 확신할 수 없었다. 나는 하나님을 만날 준비가 돼 있지 않았다.(50)

내가 지진의 재앙을 당한 샌프란시스코 소식을 들었을 때의 내 감정을 어떻게 설명할 수 있을까. 홍콩 항구에서 태풍으로 엄청난 사람들이 죽은 지도 얼마 되지 않은 상태였다. 내가 하나님을 만날 준비가 돼 있지 않았을 때도 내게 생명을 허락해 주시고 끔찍한 지진과 끔찍한 태풍을 만나게 하지 않으신 하나님께 감사드렸다. 나는 두 재해 지역에 살고 있는 사람들을 향한 깊은 동정심을 느꼈고 하나님께서 두 지역의 생존자들을 구해 주시도록 기도했다.

배를 타고 오는 동안 나는 과부의 집 거주자들에게 어떤 직접적인 종교 교육을 실시하지 않는 대신 내가 매일 성경을 크게 읽고 예수님의 이름으로 유일하신 참 하나님께 기도하겠다고 결정했다. 그러면 여성들이 내 모습을 보고 듣고 참 종교와 구원의 방법에 대해 질문할 것이라고 생각했다. 약 18년 전 학교를 시작했을 때는 학생이 두 명밖에 없었다. 나는 아무에게도 기독교인이 되라고 권하지도, 성경을 공부하라고 강요하지도 않았다. 학교 도서관에 성경을 다른 종교 서적과 함께 꽂아 두기만 했다. 참 하나님의 선함을 드러내는 내 간증이 많은 사람들의 마음에 새로운 생각을 일깨웠다.(51)

(49) 라마바이는 영국에서 미국으로 갔다. 미국과 캐나다에서 머무는 동안 책들을 번역하고 강의를 했다. 그녀의 강의를 통해 미국의 주요 도시에 라마바이 협회가 생겼고 그녀의 계획을 위한 기금을 모금을 해줬다. https://en.wikipedia.org/wiki/Pandita_Ramabai (2016. 12. 2일 오후 3시 20분)

1886년 2월 라마바이는 네 살 된 딸을 데리고 사촌의 졸업식에 참석하기 위해 미국 필라델피아로 갔다. Gregory Perry, Untold Tale of Revival: Pandita Ramabai, 2016. http://www.gracevalley.org/teaching/untold-tale-of-revival-pandita-ramabai/

(50) Pandita Ramabai, Pandita Ramabai, A Testimony, Kedgaon, Ramabai Mukti Mission, 1907, 27.

(51) 미국에 머무는 동안 스스로 라마바이 협회라고 칭한 보스톤의 한 단체가 라마바이의 요청에 호응해 어린이와 과부를 위한 학교 운영비로 10년간 매년 5천 달러를 후원해주기로 했다. 그 협회에는 일신론자(Unitarians), 정교회, 침례교, 그리고 감리교 등 여러 기독교 교단의 신자들이 참여했다. 그들은 라마바이가 세속 학교를 운영하기를 원했다. "힌두교, 기독교 등 어떤 종교 교육도 시켜서는 안 된다."고 구체적으로 말했다. 라마바이는 공개적으로 어떤 종교 의식도 없을 것이라고 약속했다. Padmini Sengupta, Pandita Ramabai Saraswati: Her Life and Work, Bombay, Asia Publishing House, 1970, 175.

라마바이는 공개적인 기독교 교육이 상류 카스트 여성들의 접근을 막을 것을 우려해 기독교 기관이 되어서는 안 된다고 생각했다. 자신의 방에서 가족 예배를 드릴 때 누구나 들어 올 수 있도록 문을 열어 놓았다. 이에 대해 비난이 일자 그녀는 다음과 같이 말했다. "내 힌두 형제들은 내가 소녀들을 기독교인으로 만들고 있다고 생각했습니다. 그들은 내가 내 방에서 성경을 읽고 기도를 할 때 문을 닫아야 한다고 말했습니다. 나는 '싫습니다.'라고 대답했습니다. 소녀들이 자신의 종교 관습을 지킬 자유가 있는 것처럼 나도 기독교 관습을 지킬 자유를 갖고 있기 때문입니다. 나는 하루 24시간 동안 방문을 닫지 않는데 왜 예수님을 예배할 때 문을 닫아야 합니까? 힌두 친구들은 아주 불쾌해 했고 우리 학교를 허물고 그 위에 다른 학교를 세우길 원했습니다." 1892년까지 샤르다 사단에는 40명의 과부들이 있었는데 연령대는 7세에서 40세까지 다양했다. 그러나 라마바이의 급격한 회심 후 학교는 이전과 아주 달라졌다. 라마바이의 가족 기도회 때 와서 성경 읽기 시간만 참석했던 여성들의 일부가 라마바이와 함께 무릎을 꿇고 기도하기 시작했다. 그녀는 자신이 새로 발견한 개인적인 주인이자 구원자에게 열심히 기도했다. 그녀는 여성들에게 주님께 짐을 맡기라고 격려했다. 1893년까지 53명의 소녀들 가운데 20명이 라마바이의 가족 예배와 '성경 읽기 수업'에 참석했다. 1893년 가족 기도회가 비난을 받았다. 라마바이의 최근의 변화를 좋게 생각하지 않았던 두 명의 교사들이 소녀들을 데리고 소풍을 갔다. 라마바이와 조력자들은 샤르다 사단에서 기도할 것이라고 말했다. 그리고 누구나 소풍을 가지 않고 기도회에 참석할 수 있다고 광고했다. 그러자 절반 이상의 소녀들이 소풍을 가지 않고 종일 기도와 성경 공부에 시간을 보냈다. 그날이 저물어 갈 때 20명이 예수님을 믿겠다고 말했고 소수는 예수님을 개인적인 주인과 구원자로 믿었다. Manoramabai, Pandita Ramabai, The Widow's Friend, 116-117.

라마바이와 조력자들이 이 소식에 기뻐하고 있었을 때 공개적인 반발이 있었다. 그 지역에 거주하면서 샤르다 사단 운영위원회에 참여하고 있던 회원들이 보스톤에 있는 라마바이 협회에 라마바이가 선교 활동을 하고 있다고 편지로 알렸다. "샤르다 사단이 공개적인 개종 기관으로 운영된다면 우리는 샤르다 사단과의 모든 관계를 단절해야 한다." 소녀들의 보호자들이 와서 25명의 소녀들을 데려가 버렸다. 소녀들의 대부분은 떠나고 싶어 하지 않았다. 한 힌두 사회개혁자는 소녀들이 기독교인이 되는 것보다 데바다시(힌두 신전에 거주하는 매춘부)가 되는 것이 낫다고 말했다. Padmini Sengupta, Pandita Ramabai Saraswati: Her Life and Work, Bombay, Asia Publishing House, 1970, 215.

라마바이는 미국의 후원자들에게 편지를 썼다. "나는 기독교 여성이고 나와 내 딸을 위한 가정이 있습니다. 나는 여호수아처럼 '나와 내 집은 주님을 섬길 것이다.'라고 결심했습니다. 나는 내 학교의 소녀들에게 자유를 주고 있습니다. 그러나 나도 그리스도께서 나에게 주신 자유를 가지고 있습니다. 왜 내가 빛을 보이지 않는 곳에 둬야 합니까? Quoted in Basil Miller, Pandita Rambai: India's Christian Pilgrim, Grand Rapids, Zondervan, 1949, 57.

미국의 라마바이 협회 회장은 샤르다 사단을 방문한 후 라마바이는 계속 후원해 달라고 간청했다. Gregory Perry, Untold Tale of Revival: Pandita Ramabai, 2016. http://www.gracevalley.org/teaching/untold-tale-of-revival-pandita-ramabai/

정부의 한 관리(the National Indian Association)는 라마바이에게 대다수가 라마바이와 샤르다 사단을 비난하고 있기 때문에 더 이상 여성들에게 샤르다 사단을 추천하지 않겠다고 말했다. 라마바이는 그의 말에 감사하면서 용기 있게 대답했다. "내가 많은 여성을 도울 수 없게 된 것은 유감이지만 학교 운영위원들이 모든 사람이 나와 내 학교를 비난했다고 말하는 것은 유감스럽지 않다. 왜냐하면 복의 구원자가 '모든 사람이 너를 칭찬할 때 너에게 화가 있으리라.'고 말씀하셨기 때문이다. Manoramabai, Pandita Ramabai, The Widow's Friend, 122.

1894년 예수님을 영접한 한 소녀 과부가 세례를 받은 후 인도 전역에 또 하나의 폭풍이 몰려왔다. 즉시 20명의 소녀들이 집으로 끌려갔다. 라마바이의 조력자 메리 풀러(Mary Fuller)는 "끌려간 많은 소녀들이 울고 있고 뿌네는 분노와 욕으로 가득 찼다." 라마바이가 혹평의 대상이 되었음에도 불구하고 그녀는 사과도, 변명도 하지 않았다. Mary L. B. Fuller, The Triumph of an Indian Widow, New York, Christian Alliance, 1927, 33.

파드미니 센굽타는 라마바이가 받은 심한 핍박을 다음과 같이 요약한다. "익명의 사람들이 위협하고, 신문들이 비난하고 심지어 욕도 했다. 소녀의 부모들은 소녀들을 집으로 데려가라고 조언 받았다." Gregory Perry, Untold

Tale of Revival: Pandita Ramabai, 2016. http://www.gracevalley.org/teaching/untold-tale-of-revival-pandita-ramabai/

심한 비난을 받을수록 하나님은 라마바이에게 인내하고 용감하게 하나님의 증인이 되라고 힘을 주셨다. 라마바이는 뿌네의 적대적인 브라민 학생들에게 연설했을 때 이 용기를 표현했다. "그녀는 두려움 없이 도덕적이고 영적으로 노예인 힌두에 관해 연설했다. 비참한 국가 제도, 여성들을 묶개는 제도, 정의에 근거해 보장될 수 있는 권리가 명확할 때도 전통의 요구에 순종하는 약함 등 정치적으로 인권을 요구하면서 스스로를 도울 수 없는 무능에 관해 말했다. 그런 다음 라마바이는 마라티 성경을 들고 이 모든 도덕 붕괴와 도울 수 없음 심지어 살아계신 하나님과 그에게 봉사하는 것에서 이탈한 내용을 담고 있는 구절을 읽으라고 요청했다... 그리고 그녀의 행동에 대한 그들의 의견 또는 그녀에게 육체적으로 상해를 입히는 위협에 대해 관심을 갖고 있지 않다고 말하면서 결말을 지었다. 그들은 아마도 노예였을지도 모르지만 그녀는 자유로웠다. 어떻게? 진리로 인해서!" Quarterly Paper, 1896년 5월.

1895년 11월 12명의 소녀들이 세례를 받았을 때 하나님의 복과 반대자들의 괴롭힘이 동시에 임했다. 대중의 반대가 너무 커서 그녀는 견딜 수 없었다. 그녀는 주님으로부터 위로와 힘을 얻었다. 소녀들이 떠났지만 1896년에 최소한 49명의 소녀들이 있었다. Gregory Perry, Untold Tale of Revival: Pandita Ramabai, 2016. http://www.gracevalley.org/teaching/untold-tale-of-revival-pandita-ramabai/

한 친구로부터 북인도의 빈민 과부들의 비참한 상태에 대해 듣고 난 후 그녀는 1895년 그들의 현실을 파악하기 위해 산야시(수도승)로 변장하기로 결심했다. 그녀는 특히 수천 명의 과부들을 신전의 매춘부로 만드는 부도덕한 제사장들을 보고 공포심을 느꼈다: "중개인들이 이 부유한 소녀 과부들을 거룩한 장소로 데려왔을 때 제사장들은 소녀들에게 사두(수도승)를 섬기고 크리슈나 신을 예배하라고 했다. 도착했을 때 소녀들은 극진하게 환영을 받았지만 곧 돈과 정조를 잃었다. 소녀들은 수치스럽고 부도덕한 크리슈나 신을 예배하라고 강요받았다. 크리슈나 신은 부도덕한 신으로 알려져 있다. Quoted in Basil Miller, Pandita Rambai: India's Christian Pilgrim, Grand Rapids, Zondervan, 1949, 57.

오! 내가 모든 곳에서 본 죄와 비참함과 여성을 향한 남성들의 양심 없는 잔인함을 표현할 수가 없다." Nicol MacNicol, The Story of Pandita Ramabai: A Builder of Modern India, Calcutta, Association Press, 1926, 140.

인도의 여성들의 비참한 현실을 보고 여성들을 돕겠다는 갈망이 더 증가했다. Gregory Perry, Untold Tale of Revival: Pandita Ramabai, 2016. http://www.gracevalley.org/teaching/untold-tale-of-revival-pandita-ramabai/

1889년 3월 11일 라마바이는 뭄바이에 샤르다 사단(Shardan Sadan, 배움의 집)이라는 기숙학교를 설립했다.[52] 그것은 마하라쉬트라에서 설립된 첫 과부의 집이었다. 다른 곳에 있는 또 하나의 과부의 집은 센(Sen)이 벵갈에 시작한 것이었다.

처음에는 브라민들을 포함한 개혁가들로부터 많은 지지를 받았고 언론에서도 환영했다. 많은 과부들이 와서 훈련을 받을 정도로 성공했다. 라마바이는 샤르다 사단 학교에 오는 여성들이 종교에 열린 마음을 가지길 바랐고 성경을 읽고자 하거나 예수님을 믿고자 하는 사람들에게 성경을 제공했다. 라마바이의 경건한 삶을 관찰한 소녀들이 기독교에 관심을 나타내기 시작했다. 그런데 1889년 12월 크리스천 위클리(Christian Weekly)가 다음의 뉴스를 전하자 사람들이 학교에 오지 않았다. '현재 샤르다 사단에는 7명의 과부가 있고 그 중 2명이 기독교로 개종했다...' 그녀가 설립한 샤르다 사단과 좋은 관계를 맺고 있었던 힌두 사회 개혁자 반다르까르(Bhandarkar) 박사와 저스티스 라나데(Justice Ranade)가 학교 운영위원회에서 사임할 정도로 개종에 대한 비난이 아주 컸다. 그녀는 이미 여성들이 공적인 일에 관여 하는 것을 싫어한 띨락(B. G. Tilak)의 눈 밖에 난 상태여서 비난이 더욱 거셌다. 그러나 당시 과부를 위한 다른 기관이 없었기 때문에 많은 브라민들이 계속해서 샤르다 사단에 여성들을 보냈다.[53]

라마바이는 샤르다 사단을 뿌네로 옮겼다. 그녀는 자신의 기관이 완전히 미국의 후원금에 의존하고 있는 것을 걱정해서 농장을 위한 후원금을 얻기 위해 사회사업 기관을 설립했다. 사회사업 기관을 통해 샤르다 사단이 자립을 할 수 있었다.[54]

(52) 샤르다 사단(Sharda Sadan, 배움의 집)에서 '샤르다'는 지식, 지혜, 예술의 여신 사라스와띠를 말한다. 그러나 이미 기독교인이었던 라마바이가 힌두 여신 사라스와띠를 좋아해서 그런 이름을 지은 것이 아니라 '샤르다'라는 단어의 뜻이 좋은 의미를 담고 있기 때문에 선택한 것이라고 추측된다. '샤르다 사단'은 배움의 집, 지혜의 집, 지식의 집 등으로 번역할 수 있다.(역자-주)

이 학교는 힌두 상류 카스트 여성들을 위한 것이었고 처음에 2명의 학생이 있었다. 라마바이는 학생들이 종교의 자유를 누리도록 했다. 학생들의 개종 문제로 비난이 거세지자 1890년 11월 학교를 뿌네로 옮겼다. 그 후 운영방식을 바꿔 학생들이 자유롭게 종교 수업과 행사에 참여할 수 있도록 했다. 1922년 4월 5일 라마바이가 죽은 후 1922년 6월 운영위원회에서 라마바이가 세운 모든 기관을 '라마바이 묵띠 선교회'(Ramabai Mukti Mission)라는 이름으로 통합시켰다. 그 후 1970년 7월 다시 빤디따 라마바이 묵띠 선교회(Pandita Ramabai Mukti Mission)로 명칭을 바꿨다. http://www.mukti-mission.org/mukti/History.htm. 2016년 12월 2일 오후 2시 20분.

라마바이는 생의 후반기에 묵띠 기도 종소리(Mukti Prayer Bell) 같은 잡지에 기고할 때 'Mukti Mission'(묵띠 선교회)이라는 단어를 사용했으나 공식적으로는 묵띠 사단(Mukti Sadan, 구원의 집)이라는 명칭을 사용했던 것 같다. 묵띠 선교회라는 명칭은 비공식적으로만 사용한 것으로 보인다. (역자-주).

페리(Gregory Perry)는 1889년 3월 11일 설립된 샤르다 사단 기숙학교가 세 명의 학생으로 시작했다고 말한다. 같은 해 연말에는 25명으로 늘었다. 그 가운데 5명이 과부였다. 1년 후 그녀는 작고 조용한 도시 뿌네로 옮기기로 결정했다. 그녀는 작은 도시에서 상류 카스트 과부들을 더 잘 도울 수 있으리라고 생각했다. 옮길 당시 샤르다 사단에 18명의 과부가 거주하고 있었다. Gregory Perry, Untold Tale of Revival: Pandita Ramabai, 2016. http://www.gracevalley.org/teaching/untold-tale-of-revival-pandita-ramabai/

뭄바이 근처의 많은 작은 도시 가운데 뿌네를 선택한 이유에는 기후도 한몫을 한 것 같다. 뿌네는 고산지대라서 한 여름에도 다른 지역보다 시원하다. (역자-주)

(53) 몇 명의 어린 과부들이 기독교인이 되고 싶다고 공개적으로 밝히자 비난이 일기 시작했다. 비난하는 사람들은 라마바이가 샤르다 사단을 소녀들을 기독교인으로 개종시키는 수단으로 이용하고 있다고 비난했다. Gregory Perry, Untold Tale of Revival: Pandita Ramabai, 2016. http://www.gracevalley.org/teaching/untold-tale-of-revival-pandita-ramabai/

당시 라마바이는 다양한 전도 행사에 참여해 격려를 받았다. 1895년 겔슨 그레그선(Rev. Gelson Gregson)이 이끈 라노울리(Lanowli) 캠프에서는 '특별한 기쁨'을 맛봤다. 그녀와 함께 참석한 샤르다 사단의 15명의 소녀들은 공개적으로 예수님을 믿는다고 밝혔다. 하나님은 기도를 통해 그녀의 믿음을 강하게 하셨다. "당시 내가 직면한 문제들 한 가운데서 나는 주님께서 나에게 15명의 영원한 영혼을 주셨다는 것을 생각하면서 크게 기뻐했다. 그 소녀들은 내 영적 아이들이라고 부를 수 있다. 당시 나는 기쁨과 평화로 가득 찼고 나에게 15명의 아이들을 주신 하늘의 아버지께 감사를 드렸다. 그리고 나는 성령님의 감동으로, 주님께서 은혜를 베풀어 다음 캠프 전에 내 영적 아이들의 숫자가 배가하도록 기도를 드렸다." Nicol MacNicol, The Story of Pandita Ramabai: A Builder of Modern India, Calcutta, Association Press, 1926, 143.

구원받은 15명의 소녀들로 인해 라마바이가 기뻐하고 있을 때 하나님께서는 용기를 가지고 225명을 위해 기도하라고 말씀하셨다. 그녀는 하나님께서 그런 기도를 하라고 하셨다고 믿었지만 어떻게 응답하실지 몰랐다. 그러자 하나님께서 확증을 해주셨다. "나는 여호와이며 온 인류의 하나님이다. 나에게 어려워서 못할 일이 있겠느냐?"(렘 32: 27). 하나님께서는 이 말씀을 통해 자신이 나에게 하실 위대한 일을 보증하셨을 뿐 아니라 연약한 내 믿음을 꾸짖으셨다. Padmini Sengupta, Pandita Ramabai Saraswati: Her Life and Work, Bombay, Asia Publishing House, 1970, 232. 나는 1896년에 그 기도의 응답을 받았다.

(54) 미국 라마바이 협회에서 10년간 샤르다 사단을 후원하기로 했었다. 즉 1898년까지다. 엄청난 비난으로 인해 그녀는 미래에 그런 후원금을 기대할 수 있을지 궁금했다. 그녀가 전도 사역에 더 집중하라고 하는 하나님의 계획을 확신했을 때 정말 후원금이 끊이지 않았다. 일찍이 1892년에 생각한대로 그녀는 케드가온(Kedgaon)에 큰 규모의 농지를 사서 오렌지, 라임, 그리고 망고 나무를 심을 계획을 구상했다. 농산품이 학교 운영에 도움이 될 것이라는 생각이었다. 다른 사람들의 후원에 기대지 않고 자립할 수 있을 것이라고 예상했다. 라마바이가 미국 협회에 농장 구입과 자립을 제안했을 때 그들은 거부했다. 라마바이는 하나님을 신뢰하기로 결심하고 6만 달러를 위해 기도했다. 라마바이와 조력자는 이 사실을 다른 사람들에게 알리지 않았다. 2년간 기도했을 때 돈이 조금씩 들어오기 시작했다. 그리고 예상치 않은 전보가 미국에서 왔다. 그녀의 미국 친구들이 농장 구입을 할 수 있는 충분한 돈을 모금했다는 소식에 그녀는 몹시 기뻤다.

학교를 시작한지 첫 10년 후에 우리는 학교의 운영방식을 약간 바꿔 학생들이 자유롭게 종교 수업과 행사에 참여하도록 했다. 학교를 운영한 이래 수백 명의 소녀들과 젊은 여인들이 나처럼 예수님을 믿었다. 그들은 스스로 생각할 능력이 있다. 그들은 하나님의 말씀을 읽으면서 눈을 떴고 그들 가운데 많은 사람들이 정말 예수님을 믿었고 하나님의 영광으로 구원을 받았다. 수백 명의 소녀들 즉 내 사랑과 기도의 아이들이 하나님의 영광으로 구원을 받는 것을 내가 볼 수 있도록 해주신 하나님께 대해 감사드린다. 이 모든 것은 수많은 지역에서 신실하게 하나님을 섬기는 사람들의 기도에 하나님께서 응답하신 것이다.

1896년 끔찍한 기근이 인도 중부 마드야 쁘라데쉬(Madhya Pradesh)에 피해를 입혔다. 라마바이와 여성들은 수 백 명의 여성들을 구조할 수 있었다. 그녀는 피해지역에서 600명의 여성과 어린이들을 데려왔다. 그녀는 뿌네에서 30마일 떨어진 케드가온(Kedgaon)에 묵띠 사단(Mukti Sadan, 구원의 집)을 설립해 기독교인 여성 순드라바이에게 돌보도록 했다. 그런 다음 3년 안에 그녀는 소외된 여성 300명이 머물 수 있는 끄리빠 사단(Kripa Sadan, 은혜의 집)을 세웠다.[55]

(55) 여성들과 어린이들을 묵띠 사단과 샤르다 사단에 거주시켰다. https://en.wikipedia.org/wiki/Pandita_Ramabai(2016. 12. 2일 오후 3시 20분)

1896년 말 기아가 인도를 휩쓸었을 때 그녀는 새로 구입한 농토를 단지 곡물을 재배하는 용도 이상으로 활용할 수 있다는 것을 알았다. 비록 연약한 자신이 죽어가는 수천 명의 사람들을 위해 무엇을 할 수 있을지 놀랐지만 "사람들을 도우라는 하나님의 목소리가 내 마음에 더 크게 더 크게 들렸다." 나는 더 이상 잠잠하게 있을 수 없었고 중부 지방으로 떠났다. Manoramabai, Pandita Ramabai, The Widows' Friend, an Australasian edition of The High-Caste Hindu Woman, Melbourne: George Robertson & Co., 1903, 130. Quoted in Nicol MacNicol, The Story of Pandita Ramabai: A Builder of Modern India, Calcutta, Association Press, 1926, 147.

하나님께서는 기아 지역에서 수천 명의 소녀들을 구하라는 마음을 주셨지만 그녀는 50명의 사람들을 위한 재정밖에 없었다. 그 재정으로 어떻게 3천 명의 사람들을 먹일 수 있을까? "나는 모르지만 주님께서는 내게 필요한 것이 무엇인지 아신다." 물고기 두 마리와 보리떡 다섯 개로 5천 명을 먹이신 하나님께서 3천명의 사람들을 돕기 위해 그녀가 가진 자원들을 배가시켰다. 라마바이는 조력자들과 함께 기아 지역을 방문하곤 했다. 한 번은 기아에 허덕이는 6백 명의 소녀들을 찾아 절반은 다른 선교 단체에게 보냈고 절반은 묵띠 사단(Mukti Sadan, 구원의 집)이라고 이름 지은 자신의 농장으로 보냈다. 1897년 어떤 홍보도 하지 않고 기도만 했을 때 하나님께서 8만 5천 달러를 농장에 보내주셨다. 곧 묵띠 사단은 고아 소녀들을 포함해 수백 명의 사람들의 피난처가 됐다. 묵띠 사단은 구조 또는 학교 목적 이상의 용도로 사용됐다. 완전히 자립이 가능한 기관이 됐다. 소년들과 소녀들은 교육을 받을 뿐 아니라 교수법, 간호, 직물 기술, 그리고 바느질 등 실용적인 기술을 배웠다. 그러나 샤르다 사단과 달리 묵띠 사단의 명백한 목적은 영혼 구원이었다. 1897년 12월 라마바이는 묵띠 사단의 땅을 주님의 미래 사역에 바쳤다. 미래 사역은 이사야 60장 18절로 설명할 수 있을 것이다. "다시는 네 땅에 폭군의 소리가 들리지 않을 것이며 황폐와 파멸이 없을 것이니 네가 네 성벽을 '구원'이라 부르며 네 성문을 '찬송'이라 부를 것이다." 이런 목적 변화로 인해 라마바이는 미국에 새 라마바이 협회를 구성할 필요성을 느꼈다. 새 협회란 인도 사람들이 자발적으로 예수님을 믿는 것을 지지해 줄 단체를 말한다. 미국에서 영국으로 간 라마바이는 케스윅 대회(the Keswick Convention)에 참석해 5분간 설교했다. 그녀는 청중들에게 인도의 모든 기독교인들에게 성령님이 임하셔서 하나님께서 인도 전역에 복음을 전할 10만 명의 인도 남성들과 여성들을 일으키시도록 기도해 달라고 요청했다. 1898년까지 35명의 소녀들이 묵띠 선교 모임을 구성해 자신들의 삶을 기독교 사역에 바치기로 맹세했다. Gregory Perry, Untold Tale of Revival: Pandita Ramabai, 2016. http://www.gracevalley.org/teaching/untold-tale-of-revival-pandita-ramabai/

라마바이는 계속 묵띠 사단의 행정 업무를 봤다. 매일 아침 목수 대표, 수간호사, 벽돌공, 직물 대표, 인쇄 부서 대표 등 모든 부서의 지도자들을 만나 매일 할 것을 지시했다. 라마바이의 조력자 메리 풀러는 라마바이의 직업윤리를 설명한다. "라마바이는 어디에나 있었다. 지시하고 돕고 꾀병부리는 사람들을 찾아내고, 느림보들을 자극하고, 근면한 사람들을 격려하고 가르치고 등 직접 많은 일들을 했다. 과부가 입어야 하는 민무늬 흰 옷을 입은 불굴의 작은 사령관이 수백 에이커의 땅 어디서나 보였을 것이다. 그녀는 죠지 뮬러와 같이 하나님께서 일하시지 않으면 아무것도 이루어지지 않을 것처럼 하나님을 의지하고 자신이 일하지 않으면 아무것도 되지 않을 것처럼 열심히 일했다. 그녀는 자주 피곤했지만 절대 지치지 않았고 절대 기도를 멈추지 않았다. 용감하게 믿음을 잃지 않았고 맑은 날씨에는 맑은 날씨를 주신 하나님을, 흐린 날씨에는 흐린 날씨를 주신 하나님을 절대적으로 찬양했다." Quoted in Basil Miller, Pandita Rambai: India's Christian Pilgrim, Grand Rapids, Zondervan, 1949, 79.

묵띠에서 라마바이는 과부들과 기아 난민의 육체적 필요를 돌봤지만 그녀의 주된 관심은 그들의 영혼이었다. 그녀는 특히 그 지역에 복음을 전할 '성경 여성'을 훈련시키는데 관심을 가졌다. 그녀는 또한 묵띠 사단 근처에 22 에이커의 땅을 더 사서 매춘부 여성들을 위한 끄리빠 사단(Kripa Sadan, 은혜의 집)을 만들었다. 매춘부들은 도덕적인 이유로 사회 밖으로 추방된 상태로 살아가고 있었다. 1900년까지 300명의 매춘부들을 입주시켰다. 또한 하층 카스트 마을 어린이들을 위한 통학 학교를 세워 그들이 출석하도록 매일 약간의 돈을 줬다. 묵띠 사단이 케드가온에 설립돼 가고 있었을 때 하나님께서는 뿌네에 있는 샤르다 사단에서도 강력하게 일하셨다. 1897년 10월 브루에르(W. W. Bruere) 목사가 특별 전도 집회를 열었다. 하나님의 영이 임하셔서 많은 사람들이 예수님을 믿었다.
집회 끝에 나이든 소녀들과 라마바이의 오랜 브라민 동료를 포함한 샤르다 사단의 73명의 사람들이 세례를 받았다. 1897년 11월 6일 브루에르의 설교로 17명의 젊은 여성들이 세례를 받기 위해 6마일 떨어진 곳 비마강(the river Bhima)으로 갔다. 목격한 사람들은 세례 받은 여성들이 샤르다 사단으로 돌아오는 내내 기쁘게 찬양을 했다고 회상한다. Gregory Perry, Untold Tale of Revival: Pandita Ramabai, 2016. http://www.gracevalley.org/teaching/untold-tale-of-revival-pandita-ramabai/

1900년 다시 기근이 인도 서부 구자라트(Gujarat)와 카티아와르(Kathiawar)에 휩쓸었을 때 라마바이는 20명의 여성들을 기근 피해 지역에 보내 굶주린 여성들을 데려왔다. 그래서 샤르다 사단에 거주하는 사람들이 1,900명으로 늘었고 곧 90명이 더 증가했다.[56]

학교의 체계가 잡혔고 4백 명의 어린이들이 유치원에서 생활했다. 교사 훈련 학교도 개교했고 정원 가꾸기, 농업, 기름 짜기, 낙농업, 세탁 기술, 제빵, 바느질, 직물, 자수를 가르치는 직업학교도 시작했다.

1905년 나는 주님의 인도하심으로 특별기도 모임을 시작했다.(57) 약 70명의 사람들이 매일 아침에 모여서 우리 자신을 포함한 모든 인도 기독교인들의 진정한 회심을 위해 그리고 성령님께서 전 세계의 모든 기독교인들을 향해 은혜를 베풀어 주시도록 기도했다. 우리는 기도 모임이 시작된 때로부터 6개월 안에 주님께서 우리, 인도의 많은 학교, 그리고 많은 교회들 안에 영광의 부흥의 물결을 일으켜 주시도록 기도하기 시작했다. 기도의 결과는 대부분 만족스러웠다. 감사하게도 우리 기관의 많은 소녀들과 일부 소년들이 구원을 받았고 그들 가운데 많은 이들이 주님을 섬기고 있고 집과 여러 곳에서 예수님의 증인으로 살고 있다.

나는 '너희는 온전한 십일조를 성전에 바쳐 내 집에 양식이 있게 하고 내가 하늘 문을 열어 쌓을 곳이 없도록 너희에게 복을 쏟아 붓나 붓지 않나 나를 시험해 보아라.' (말 3:10)에 있는 주님의 도전을 받아들인 후 주님은 신실하시고 진실하시다는 것을 깨달았다. 나는 주님은 기도를 들으시고 응답하시는 분이라는 것을 믿는다. 주님은 '백성을 모으고 그 모임을 거룩하게 하라. 장로들을 데려오고 아이들과 젖먹이들을 모으며 신혼부부도 그들의 방에서 나오게 하라.' (욜 2:16)고 말씀하셨고 실제로 내가 체험한 그 분의 약속과 응답이 수천 개다. 나는 내가 주님을 찾은 것처럼 독자들도 주님을 간절히 찾기를 바란다. '너희는 여호와께서 얼마나 선하신 분인지 알아보아라. 여호와를 피난처로 삼는 자는 복이 있다. 너희 성도들아, 여호와를 두려워하여라. 그를 두려운 마음으로 섬기는 자에게는 아무것도 부족한 것이 없으리라. 사자는 먹을 것이 없어 굶주릴 때가 있어도 여호와를 찾는 자는 모든 좋은 것에 부족함이 없으리라.' (시 34:8-10), '여호와께 감사하라. 그는 선하시고 그의 사랑은 영원하다. 그가 갈망하는 심령을 만족하게 하시며 굶주린 심령에게 좋은 것으로 채워 주신다.' (시 107:1, 9).(58)

(56) 케드가온에 땅이 충분해서 라마바이는 뿌네에 있는 샤르다 사단을 뿌네 외곽의 케드가온으로 옮겨 묵띠 사단과 합병시키기로 결정했다. 모든 기관을 한 곳에 모아두니 관리하기가 쉬었다. 묵띠 사단은 건물 건축에 80명에서 120명의 일꾼들을 고용했다. 매일 노동을 마치고 선교사나 마라바이가 일꾼들에게 복음을 전해 많은 사람들을 예수님을 믿었다. Gregory Perry, Untold Tale of Revival: Pandita Ramabai, 2016. http://www.gracevalley.org/teaching/untold-tale-of-revival-pandita-ramabai/

라마바이는 모든 재정을 묵띠 사단에 썼다. 그녀는 자신의 삶을 이렇게 묘사했다. "나는 정말 돈 한 푼 없고 어떤 수입도 없다. 몇 벌 옷과 성경이외에 지구상에 아무것도 소유한 것이 없다." Quoted in Nicol MacNicol, The Story of Pandita Ramabai: A Builder of Modern India, Calcutta, Association Press, 1926, 160.

그럼에도 불구하고 라마바이는 묵띠 사단이 주는 복을 배워야 할 필요가 있다고 확신했다. "지금까지 우리는 받는 것을 아주 잘했다. 이제 주는 것을 잘해야 한다." Quoted in Basil Miller, Pandita Rambai: India's Christian Pilgrim, Grand Rapids, Zondervan, 1949, 82.

4년 전 라마바이는 50명에게 필요한 후원만 들어오고 있었지만 하나님께서는 그녀가 요청하거나 상상할 수 있는 액수 이상을 공급해 주셨다. 묵띠 공동체는 1900년까지 1900명의 거주자들을 위해 필요한 재정과 백 마리의 소를 공급 받았다. 이 모든 후원은 진실한 기도와 빈번한 금식기도의 결과였다. Gregory Perry, Untold Tale of Revival: Pandita Ramabai, 2016. http://www.gracevalley.org/teaching/untold-tale-of-revival-pandita-ramabai/

(57) 그녀는 1899년 9월 20일 공동체 안에 교회도 세웠다. http://www.mukti-mission.org/mukti/History.htm

(58) 그녀는 주님께서 묵띠 사단을 운영할 수 있도록 매일 200달러를 보내주실 것을 믿었다. 1910년 묵띠 기도 종소리(Mukti Prayer Bell)에 하나님을 완전히 신뢰한 것에 대해 썼다. "묵띠 선교회는 완전히 하나님께 의지한다... 기도하는 하나님의 자녀는 어떤 것에도 얽매이지 않는다. 하나님의 사람들의 기도는 금이나 은보다 더 귀하다." Quoted in Basil Miller, Pandita Rambai: India's Christian Pilgrim, Grand Rapids, Zondervan, 1949, 103.

마노라마바이는 묵띠 선교회가 수중에 하루에 필요한 재정 이상을 갖고 있지 않았고 늘 필요한 만큼의 재정만 가지고 있었다고 말한다. "만나가 매일 매일 왔습니다. 하나님께서 매일 아침 영의 음식을 주시는 것처럼 육체에 필요한 것도 공급해 주십니다." Quoted in Basil Miller, Pandita Rambai: India's Christian Pilgrim, Grand Rapids, Zondervan, 1949, 106.

영국 웨일즈(Wales)와 인도 북동부 카시아 힐즈(Khassia Hills)의 영적 부흥 소식이 묵띠 선교회에서 전해졌고 사람들이 부흥을 위해 매일 함께 기도회를 가졌다. 하나님께서 신실하게 응답하셔서 부흥의 불이 묵띠 선교회를 영적으로 완전히 깨끗하게 했다. 1901년 12월 1,200명이 세례를 받았다. 그리고 다음 해 7월에는 부흥의 복이 임했다. 어느 날 저녁 라마바이가 요한복음 8장을 해설하고 있었을 때 성령님의 힘이 임해서 모든 소녀들이 크게 기도하기 시작했다. 그들은 하나님의 힘을 경험했다. 기도는 묵띠 선교회 안의 다양한 장소에서 밤새 계속됐다. 성경학교가 회개하는 목소리로 가득 찼다.(59)

라마바이는 인도 기독교인들에게 다다가길 원했다. 그들은 매일 세 차례의 기도회가 열린

뿌네 시내로 갔다. 유럽 사람들, 인도 기독교인들과 비기독교인들, 다른 고아원과 학교에서 온 배고픈 고아들이 큰 복을 받았다. 라마바이가 기도회를 방문한 후 기도회 회원들은 배고픈 고아들이 모인 다른 지역들을 방문하기도 했다. 라마바이는 기도회를 '그 지역 기독교인들을 위한 기도회'라고 이름 지었다. 그녀는 "우리가 더 기도하고 일을 적게 하면 지속적으로 열매를 얻을 것입니다."라고 말했다.[60]

당시 라마바이가 다음과 같이 썼다. "당신은 부흥이 열매 맺고 있다는 것을 알고 기뻐할 것입니다. 우리 공동체의 7백 명 정도의 소녀들과 여성들이 기도와 하나님의 말씀을 공부하는데 헌신한 상태고 그들은 복음을 전파를 위해 하나님께서 보내시는 곳으로 가려고 하고 있습니다. 그들은 이미 시골 지역을 방문하면서 찬송가를 부르고 성경을 읽어주고 있습니다. 모든 사람들이 12일에 한 번씩 나갈 수 있도록 매일 약 60명의 사람들이 교대로 복음을 전하고 있습니다. 그들은 방문할 사람들을 위해 정기적으로 기도하고 있습니다. 하나님께서는 이 계획을 내 마음에 주셨고 하나님께서는 우리보다 앞서서 일하고 계십니다. 나갈 사람들은 미리 만나 긴 시간 동안 기도회를 갖습니다. 주님께서 그들에게 힘을 주시고 그들의 역량을 향상시키고 있습니다."[61]

인도의 많은 지역에서 선교사들이 견학을 왔다. 그 가운데 한 명이 말했다. "라마바이의 사람들은 다른 사람들이 고난에서 벗어나도록 기도하고 있습니다. 그들은 가장 먼저 해야 할 일을 우선순위에 두고 실천해야 한다는 것을 잘 알고 있습니다."

(59) 라마바이는 하나님께서 세계의 다양 곳에 부흥을 일으키고 있다는 것을 들었다. 호주에서 토레이(R. A. Torrey)를 통해 새 생명 운동이 일어나고 있다는 소식을 듣고 라마바이는 1903년 자신의 딸 마노라마바이와 조력자 아브람스(Miss Abrams)를 보냈다. 웨일즈에서도 큰 성령의 역사가 일어나고 있다는 것을 들었다. 1905년 초반 주님께서는 라마바이가 묵띠에서 부흥을 위한 특별 기도 모임을 시작하도록 하셨다. 6개월 후 550명의 여성들이 부흥을 위해 하루에 두 번 만났다. Gregory Perry, Untold Tale of Revival: Pandita Ramabai, 2016. http://www.gracevalley.org/teaching/untold-tale-of-revival-pandita-ramabai/

기도 모임을 시작한지 6개월 성령님의 초자연적인 역사가 일어나기 시작했다. 1905년 6월 저녁 라마바이가 기도 모임 가운데 하나로 들어갔을 때 방이 울고, 기도하고, 죄를 고백하고, 하나님께서 힘을 주시도록 외치는 여성들로 가득 차 있었다. 헬렌 다이더(Helen Dyer)가 다음날 밤에 일어난 것을 묘사한다. "라마바이가 교회 안에서 조용히 성경을 해설하고 있었을 때 성령님이 많은 사람들에게 임하셔서 사람들이 크게 기도하기 시작했다. 그들은 눈물을 터트리고 크게 외쳤다. 어린이들, 소녀들, 그리고 젊은 여성들이 심하게 울며 자신들의 죄를 고백했다. 일부는 환상을 봤고 하나님의 능력을 체험했고 표현하지 못할 깊은 체험을 했다. 기도의 영을 받은 두 명의 어린 소녀들이 다른 사람들에게 억수같은 비의 역할을 해서 사람들이 몇 시간씩 기도했다. 그들은 변화됐고 하늘의 빛이 그들의 얼굴을 환하게 비추고 있었다. Helen Dyer, Pandita Ramabai: The Story of Her Life, London, Morgan and Scott, 1900, 102.

그때부터 성경학교에는 질문이 끊이지 않았다. 소녀들이 학교나 직업학교나 작업장에서 죄를 깨닫고 까무러쳤다. 수업이 중지됐고 교사들과 학생들이 성령님이 일하시고 계신 학교로 들어갔다. Quoted in Basil Miller, Pandita Rambai: India's Christian Pilgrim, Grand Rapids, Zondervan, 1949, 86.

(60) 2주 후 라마바이는 조력자들을 이끌고 뿌네로 데려갔고 부흥이 고아원과 학교 그리고 다양한 선교회로 퍼졌다. 이 부흥의 시기에 묵띠 사단에는 매일 성경 공부, 기도 모임, 그리고 예배가 있었다. 미국인 선교사 프랑클린(Franklin) 목사는 이렇게 썼다 "우리는 중보기도, 성경 공부, 그리고 이교도들을 향한 복음 전파에 헌신해서 거룩해진 생명들 안에서 하나님의 사역의 결과를 보고 있다. 성경 공부와 기도가 처음부터 이 사역을 특징지었고 부흥을 준비했다. 그리고 성경 공부와 기도는 부흥으로 더 깊어졌다. Quoted in Basil Miller, Pandita Rambai: India's Christian Pilgrim, Grand Rapids, Zondervan, 1949, 88.

(61) 1906년까지 묵띠 공동체의 기도회는 2만 9천명의 사람들의 이름을 부르며 기도했다. 메리 풀러(Mary Fuller)는 라마바이의 성경에 그녀가 기도한 수백 명의 소녀들의 이름이 적혀 있었다고 말했다. 그 가운데 일부는 비참하게 버려진 사람들, 절름발이들, 불구자들, 그리고 맹인들이었다. 라마바이는 그들을 경멸한다는 인상을 주지 않으려고 '친구'로 불렀다. Quoted in Nicol MacNicol, The Story of Pandita Ramabai: A Builder of Modern India, Calcutta, Association Press, 1926, 169.

부흥을 통해 악습을 포기하고 새로 발견한 구원의 기쁨을 경험하는 동안 불타는 느낌, 합심 기도, 방언 등 다양한 초자연적 현상이 일어나 사람들의 관심을 끌었다. 라마바이는 그런 현상을 크게 체험하지 못했지만 절대 금지시키지 않았다. 오히려 비난에 대해 방어했다. 1907년 그녀는 묵띠 기도 종소리(Mukti Prayer Bell)에 이렇게 썼다. "사랑, 완전한 하나님의 사랑은 성령 세례의 가장 필연적인 징후다. 그렇다고 해서 치유 능력, 방언, 예언 같은 영적 선물이 쓸모없는 것은 아니다." Quoted in Nicol MacNicol, The Story of Pandita Ramabai: A Builder of Modern India, Calcutta, Association Press, 1926, 171.

교회 선교사 협회(Church Missionary Society) 부처(Butcher) 목사는 묵띠 부흥의 시기에 합심 기도를 목격한 후 이렇게 썼다. "모든 사람이 한 시간 동안 또는 한 숨에 소리 내어 기도하는 것을 듣는 것은 불가능했다." 그는 라마바이의 딸 마노라마바이도 기도회에 참석했다고 말한다. 마노라마바이는 "사람들은 방언으로 말하기 전까지는 하나님께 만족스럽게 경배와 찬양을 드리지 못했다." 부처 목사는 더 많은 초자연적 현상의 효력을 인정하는 것을 삼갔지만 다음과 같이 결론지었다. "나는 라마바이와 함께 일한 많은 훌륭한 일꾼들을 정말 목격했다. 그들은 정말 회심했고 성령을 받았고 하나님과 그의 말씀을 열정적으로 사랑했고 또한 전도에도 열정적으로 헌신했다. Quoted in Nicol MacNicol, The Story of Pandita Ramabai: A Builder of Modern India, Calcutta, Association Press, 1926, 173.

1908년 마노라마바이는 영국과 미국에 가서 묵띠 공동체의 사역을 소개했다. "묵띠 공동체의 이야기는 신실한 하나님의 이야기입니다. 어머니는 묵띠의 부흥은 하나님께서 하신 것이지 절대 자신이 한 것이 아니라고 믿습니다." Quoted in Basil Miller, Pandita Rambai: India's Christian Pilgrim, Grand Rapids, Zondervan, 1949, 97.

1909년 묵띠 기도 종소리(Mukti Prayer Bell)에 라마바이는 자신의 소망을 나눴다. "우리는 기도와 말씀 사역에 계속적으로 자신을 드릴, 성령으로 충만한 사역자들을 더 원합니다." Quoted in Basil Miller, Pandita Rambai: India's Christian Pilgrim, Grand Rapids, Zondervan, 1949, 100.

1900년 샤르다 사단 풍경

1896년 케드가온에 있던 묵띠 사단(Mukti Sadan, 구원의 집) 풍경

1897년경 묵띠 사단 풍경. 소년들과 소녀들이 일반 교육과 더불어
교수법, 간호, 직물 기술, 그리고 바느질 등 실용적인 기술을 배웠다.

영광의 새 소망

영광의 새 소망이 정말로 내 안에 성취됐다. 나는 우리를 위해 위대한 일을 하신 주님을 찬양한다. 할렐루야, 아멘. 내가 예수님을 믿은 후 배운 가장 귀한 것은 주 예수님의 재림이다. 나는 성경이 말하는 대로 주 예수 그리스도께서 곧 오실 것이라고 확실히 믿는다. 그는 확실히 오실 것이고 지체하시지 않을 것이다. 지난 10년 간 시간을 통해 나는 그를 기다리는 것을 배웠다. 나는 이 주제에 대해 완전히 무지했다. 보통 이 주제에 대해 인도에서 배울 기회가 없다. 특정 교단 출신의 선교사들은 이 주제를 전혀 믿지 않는다. 그들은 예수님이 마지막 심판의 날에 산 자와 죽은 자를 심판하러 오신다는 것을 믿지만 마지막 심판의 날이 오기 전 자신의 제자들을 위해 오실 것이라는 것은 믿지 않는다. 예수님께서 자신이 살리신 사람들을 데려가기 위해 오실 것이라는 소망은 내 신앙생활에 큰 도움이 되고 있다. 나는 다시 오실 것이라는 약속하시고 돌보시는 주님을 찬양한다. '거짓 그리스도와 거짓 예언자들이 일어나 큰 기적과 놀라운 일을 행하여 할 수만 있으면 선택된 사람들까지 속이려고 할 것이다.' (마 24:24), '정신 차리고 깨어 있어라. 그 때가 언제인지 너희는 모른다.' (막 13:33).

"사람들은 하나님 나라를 들을 뿐 아니라 실제로 봐야 합니다. 아마도 작은 규모와 불완전한 형식일 것입니다. 그러나 진짜 하나님의 나라를 증명하는 일은 멈추지 말아야 합니다." (빤디따 라마바이).

라마바이는 성경 연구의 중요성을 인식한 정말 영적인 사람이었다. 그녀는 보통 4시에 일어나 열정적으로 기도했다.

그녀는 놀라우리만큼 성령님께 의지했고 무제한적으로 관대했다. 사망 전 10년 동안 인도 성서공회에 11,000 루삐를 기부했다. 그녀는 영국의 수녀들을 돕기 위해 300 파운드를 후원했다.

평생 그녀는 수 천 명의 여성들과 소녀들(어린 과부, 고아, 빈민, 육체 그리고 정신 장애자, 맹인, 여성 희생자 등)의 존엄성을 회복시켰다. 그들에게 살아 계신 하나님을 소개하고 교육을 제공해서 그들이 직업을 갖고 인도 사회에 가치 있는 기여를 할 수 있도록 했다.[62]

(62) 묵띠 선교회는 현재에도 과부, 고아, 그리고 맹인들을 포함한 가난한 사람들에게 거처, 교육, 직업 훈련, 그리고 의료 서비스를 제공하고 있다. https://en.wikipedia.org/wiki/Pandita_Ramabai(2016. 12. 2일 오후 3시 20분)

라마바이는 1904년부터 성경 번역을 시작했다.

예기치 않은 주지사의 방문

어느 날 아침 내가 오후 업무를 준비하고 있었을 때 내 동역자 가운데 한 명이 뿌네의 지방 장관과 함께 사무실로 왔다. 두 사람은 뭄바이 주지사가 묵띠 선교회에 왔다고 했다. 나는 주지사가 외지고 초라하고 유명하지도 않고 인도의 지도자들이 관심을 갖지도 않는 기관을 방문할 것이라고 전혀 생각하지 않았기 때문에 놀랐다. 잠시 후 주지사를 보고 내 놀라움이 사라졌다. 왜냐하면 그는 최고의 위치에 있는 사람임에도 불구하고 아주 검소하고 꾸밈이 없었기 때문이다.

주의 최고 통치자가 들러 모든 사람들과 우리 기관의 세부 사항에 관심을 갖는 모습을 보는 자체가 즐거움이었다. 그는 우리가 무슨 일을 하는지 잘 아는 것 같았다. 그는 묵띠 선교회의 모든 부분을 시찰하고 작별 인사를 하고 떠났다. 그의 방문은 즐거움을 동반한 놀라움이었다. 우리는 그의 방문과 친절함을 절대 잊지 못할 것이다.

내가 여력이 있어서 주님께서 나에게 행하신 모든 것을 기록한다면 양이 너무 많아 독자들이 읽을 수 없을 것이다. 그래서 나는 내 영적 경험을 가능하면 짧게 썼다. 내가 주님의 증인이 될 수 있도록 기회를 주신 주님께 기쁨으로 감사드린다. (1907년 3월 라마바이)

1904년 라마바이는 히브리어와 그리스 원문을 보고 마라티어 성경 번역을 시작해 1913년에 신약성경 초판을 출판했다. 전체 성경 번역은 1922년에 끝내 1924년 묵띠 인쇄소에서 인쇄했다. 그녀는 세계 최초 여성 성경 번역자가 됐다.[63]

그녀와 도우미들이 신약성경의 첫 번째 장을 번역했을 때 여학생들이 인쇄하도록 한 다음 원하는 사람에게 줬다. 오랫동안 꿈꾸던 일을 이뤄 행복했다. 죽음이 다가왔을 때 그녀는 교정쇄를 찍어내기 위해 하나님께 열흘의 시간을 달라고 기도했고 하나님께서는 정확하게 열흘을 더 주셨다. 묵띠 선교회의 여성들은 1만부 이상의 마라티어 성경을 인쇄했다.[64]

1919년 라마바이는 왕으로부터 공동체 봉사를 인정받아 카이저 아이 힌드 메달(the Kaiser-I-Hind medal)을 받았다.[65]

1920년 라마바이의 아름다운 딸 마노라마바이가 대학교를 졸업하고 묵띠 선교회의 학교를 돌볼 준비와 또 다른 학교 설립을 준비하다가 갑자기 병들어 죽었다. 그래서 라마바이가 다시 학교를 돌봤지만 그녀 역시 1922년 4월 5일 63세의 일기로 소천 했다.[66]

1922년 빤디따 라마바이가 죽었을 때 타임즈 오브 인디아는 그녀를 '현대 인도의 이정표'라고 칭했다.

1922년 뭄바이에서 열린 라마바이 기념식에서 샤로지니 나이두(Sarojini Naidu)는 그녀를

'힌두 성자들의 달력에 기재된 최초의 기독교인'이라고 말했다.

1977년 마하라쉬트라 문자 교육과 문화 위원회의 후원으로 라마바이의 편지와 답장을 출판한 샤(A .B. Shah)는 그녀를 '현대 인도가 낳은 가장 위대한 여성이자 인도 역사에서 가장 위대한 인물 가운데 한 명'이라고 찬양했다.

그녀는 생전에 "하나님께 내 삶을 완전히 맡겼으니 두려워할 것도 없고 잃을 것도 없고 후회할 것도 없다."고 말했다.(67)

(63) 그녀는 오랫동안 자신의 모국어인 마라티(Marathi, 인도 중부 마하라쉬트라주의 공용어) 성경이 없는 것을 아쉬워했다. "힌두 제사장들의 도움으로 인도의 여러 지방어의 성경이 번역됐다. 정확한 언어로 번역하기 위해 힌두 제사장들을 참여시킨 것이다. 그 결과 많은 단어에 완전히 힌두 우상적 사상이 들어갔다. 그래서 비기독교인들에게 잘못된 인상을 주고 있습니다. 알면서 그랬다면 위험하고 죄 된 생각입니다." Quoted in Basil Miller, Pandita Rambai: India's Christian Pilgrim, Grand Rapids, Zondervan, 1949, 94.

그녀는 기존 성경이 산스크리트어로 낯선 힌두 사상을 많이 포함시켰다고 확신했다. 그녀는 가장 쉬운 마라티어로 번역해 보통 사람들이 쉽게 하나님의 말씀을 이해할 수 있게 하라는 하나님의 부르심을 느꼈다. 번역을 위해서 그녀는 부담스러웠지만 그리스어와 히브리어를 완전히 익혔다. Gregory Perry, Untold Tale of Revival: Pandita Ramabai, 2016. http://www.gracevalley.org/teaching/untold-tale-of-revival-pandita-ramabai/

라마바이는 이미 매우 바빴지만 여가 시간을 모두 투자해 번역과 인쇄에 썼다. 코우츠(L. Couch) 선교사는 자신이 본 것을 증언한다. "매일 12시간을 사무실 업무와 성경 번역에 썼음에도 불구하고 자신의 방에서도 작업을 했다. Quoted in Basil Miller, Pandita Rambai: India's Christian Pilgrim, Grand Rapids, Zondervan, 1949, 100.

(64) 1904년 번역을 시작해 1922년 죽기 몇 달 전에 완역했다. 그녀는 자신의 번역을 판매하는 것을 거부하고 묵띠 사단에서 인쇄했다. 그녀는 소녀들을 훈련시켜 인쇄 사업에 전문가가 되도록 했다. 1904년에서 1922년 사이에 묵띠 사단의 인쇄 부서에는 70명에서 110명의 사람들이 일했다. 그들은 라마바이의 번역을 가지고 다양한 소책자와 성경의 일부분과 100,000권 이상의 복음서를 인쇄, 배포했다. Gregory Perry, Untold Tale of Revival: Pandita Ramabai, 2016. http://www.gracevalley.org/teaching/untold-tale-of-revival-pandita-ramabai/

(65) 1919년 기아 때 약 500명의 희생자들이 묵띠 공동체로 왔다. 당시 한 사람이 말했다. "라마바이가 이 사람들을 위해 돈을 쓰지 않았다면 그녀는 큰 집을 지을 수 있었을 것이다." Quoted in Basil Miller, Pandita Rambai: India's Christian Pilgrim, Grand Rapids, Zondervan, 1949, 111.

(66) 마노라마는 뭄바이대학교에서 학부를 마치고 미국에서 공부한 후 인도로 돌아와 샤르다 사단 학교의 교장으로 일했다. 마노라마의 도움으로 라마바이는 1912년 굴바르가(현재 까르나타카주에 위치)에 기독교 고등학교를 세웠고 마노라마가 교장으로 재직했다. https://en.wikipedia.org/wiki/Pandita_Ramabai(2016. 12. 2일 오후 3시 20분)

1921년 7월 24일 마노라마가 죽었다. 그녀의 나이 40세였다. 라마바이는 심하게 아파서 딸의 장례식에 참석할 수 없었다. 그녀는 확실히 자신이 딸을 하늘나라에서 볼 것이라고 믿었다. 9개월 후 자신의 64세 생일을 몇 주 남겨 놓은 채 숨졌다. Gregory Perry, Untold Tale of Revival: Pandita Ramabai, 2016.
http://www.gracevalley.org/teaching/untold-tale-of-revival-pandita-ramabai/

라마바이는 충격이 컸지만 계속 주님을 신뢰했다. 그녀는 미국 라마바이 협회에 편지를 썼다. "위로에 감사드립니다. 내가 말할 수 있는 모든 것은 '주님께서 주셨고 주님께서 데려가셨다는 것입니다. 주님의 이름이 복됩니다." Quoted in Padmini Sengupta, Pandita Ramabai Saraswati: Her Life and Work, Bombay, Asia Publishing House, 1970, 303.

1920년부터 쇠약해진 라마바이는 자신의 딸에게 모든 일을 맡기려고 했지만 갑자기 딸이 죽어 충격을 받았다. 딸이 죽은 지 9개월 후 부패성 기관지염으로 고생하고 있던 라마바이도 숨졌다. 미국 성공회가 그녀의 업적을 기려 그녀의 사망일을 성공회 달력에 기록했다. https://en.wikipedia.org/wiki/Pandita_Ramabai(2016. 12. 2일 오후 3시 20분)

묵띠 공동체의 직원으로 일하고 있었던 제시 퍼거슨(Jessie Ferguson) 선교사는 라마바이가 죽은 때를 소개한다. "우리는 오전 5시에 울음소리가 들려 일어났고 무슨 일이 생겼는지 짐작했다. '라마바이!'라는 단어가 튀어나왔다. 심장이 두근거렸다. 희망을 갖는 것조차 어리석어 보였지만 희망을 품었다. 서둘러서 나가보니 사람들이 라마바이의 방 근처에 모여 있었다. 우리는 그녀의 방으로 들어갔다. 그녀는 자는 것처럼 침대에 누워있었다. 그녀의 얼굴에 영광과 아름다움이 깃들어 있었고 모든 사람의 입에서 한 단어가 튀어나올 것 같았다. 아름답다! 세상적인 아름다움이 아니라 하나님의 집을 본향으로 삼는 자의 영혼에서 느껴지는 아름다움과 평화, 그리고 기쁨이 배어 있었다." 나이를 먹어 허리가 굽은 한 브라민 출신의 과부가 울었다. 그녀는 자신의 가족에게서 쫓겨난 후 배고픔과 어려움을 많이 겪었었다. "오 위대한 어머니, 이제 내가 누구를 어머니라고 불러야 할까요? 누가 나를 돌봐줄까요?" Quoted in Basil Miller, Pandita Rambai: India's Christian Pilgrim, Grand Rapids, Zondervan, 1949, 118-119.

죽기 직전 라마바이는 자신의 삶을 요약했다. "나는 나에게 그의 모든 선을 행하신 주님을 내 모든 마음으로 찬양, 찬양, 찬양해야 한다. 그의 모든 자비가 얼마나 위대하고 놀라운가! 그는 묵띠에 있는 자신의 자녀들에게 계속 복을 주신다. 하나님은 자신의 약속과 말로 표현할 수 없는 풍부한 선으로 쓰러진 자를 일으키시고, 차갑고 미적지근한 곳을 따뜻하게 하시고, 우리의 타락을 용서해 주시고, 우리를 대가없이 사랑하신다. 나는 그로부터 최소한의 선도 받을 가치가 없지만 그는 정말 자비롭고, 은혜로우시고, 노하는 것을 더디 하시고, 자비를 풍부하게 베풀어주신다." Quoted in Basil Miller, Pandita Rambai: India's Christian Pilgrim, Grand Rapids, Zondervan, 1949, 117.

(67) 캐나다 남동부 노바 스코티아(Nova Scotia)에서 라마바이를 만난 레이첼 낼더(Rachel Nalder)는 라마바이에 대한 인상을 전한다. "라마바이를 만난 것은 내 남편과 나에게 위대한 빅토리아 여황을 대접한 것보다 더 큰 영광이었습니다. 나는 빤디따 라마바이가 모든 백인 여왕들보다 더 위대한 하나님의 여왕의 한 사람이라고 믿습니다. 나는 내가 만난 수천 명의 기독교인들보다 그 황인종 기독교인을 더 존경합니다. 왜 그럴까요? 하나님의 영광만 바라보는 그녀의 눈 때문입니다. 그녀는 주 예수 그리스도를 따르고자하는 한 가지 생각, 한 가지 이상이외에 어떤 것도 가지고 있지 않습니다. 빤디따 라마바이는 주 예수 그리스도를 빛내고 있습니다. 당신은 주 예수의 힘을 알지 못하고서는 그녀를 알 수 없습니다. 그녀가 여기 있다면 그녀는 그리스도께서 하셨다는 말 이외에 어떤 말도 하지 않을 것입니다." 레이첼 낼더(Rachel Nalder)는 자신이 참석한 묵띠 공동체의 예배를 묘사하며 라마바이가 성공한 비결

을 밝힌다. "모든 사람이 성경과 찬송가를 가지고 있었고 기도 시간에 그것들을 눈 가까이 놓고 엎드렸다. 빤디따 라마바이는 예배의 중요한 부분인 기도 시간에 무릎을 꿇었다. 나는 주님의 면류관을 장식할 보석을 캐는 일 같은 이 놀라운 사역이 바로 이것 때문에 가능했다고 깨달았다. 진리에 대한 좋은 본보기가 바로 여기 있다. '기도는 현상을 변화시킨다.'" Quoted in Basil Miller, Pandita Rambai: India's Christian Pilgrim, Grand Rapids, Zondervan, 1949, 114-115.

주지사의 방문

1989년 기념우표 주인공 라마바이

다음은 인도 우체국에서 공식적으로 발행한 소책자의 내용이다.

아난뜨 샤스트리(Anant Shastri)의 막내딸로 태어난 빤디따 라마바이는 사회 개혁가, 여성 인권 운동가, 여성 교육 개척자였다.
꼴까따 대학교의 산스크리트어 학자들은 그녀의 업적에 깊은 인상을 받고 그녀에게 '사라스와띠' (Saraswati, 지식, 지혜, 예술의 여신)와 '빤디따' (Pandita, 여사제. 학자)라는 칭호를 수여했다.
그녀는 카스트 제도에 반발해 수드라(Shudra) 카스트 출신의 변호사와 결혼했지만 23세 때 여아를 가진 과부가 됐다.
1882년 그녀는 뿌네와 인도 서부의 다른 지역에 여성 교육 운동을 펼치기 위해 아르야 마힐라 싸마즈(Arya Mahila Samaj, 고귀한 여성회)를 설립했다. 이 운동은 1889년 샤르다 사단(Sharda Sadan)을 만드는 계기가 됐다. 올 해로 백 년의 역사를 자랑하는 샤르단 사단 학교는 뿌네에서 40마일 떨어진 곳에 빤디따 라마바이 묵띠 선교회(Pandita Ramabai Mukti Mission)라고 불리는 산하 조직을 꽃피웠다.
1896년 혹독한 기근 때 라마바이는 수소가 끄는 수레를 타고 마하라쉬트라주의 마을들을 돌며 수천 명의 카스트 밖(outcaste)의 어린이, 어린 과부, 고아 그리고 다른 빈민 여성들을 구해 묵띠 선교회와 샤르다 사단의 피난처로 데려왔다.

일곱 개 언어에 대해 학식을 가지고 있던 그녀는 히브리어와 그리스어 원문의 성경을 자신의 모국어인 마라티(Marathi)로 번역했다.

그녀가 시작한 일들이 오늘날에도 계속되고 있다. 이에 그녀를 기념해 이 우표를 발행한다.

라마바이 기념우표, 1989

라마바이 연보와 간추린 묵띠 선교회 역사 (68)

(68) http://www.mukti-mission.org/mukti/History.htm. 2016년 12월 2일 오후 2시 20분.
https://en.wikipedia.org/wiki/Pandita_Ramabai. 2016. 12월 2일 오후 3시 20분.

1858년 4월 23일 현재의 인도 중부 마하라쉬트라 서부의 군가말(Gangamula)의 숲 속에서 태어났다.

1866년-1873년(8세-15세) 어머니에게서 산스크리트어와 힌두 경전들을 배웠다. 라마바이는 12세 때까지 뿌라나(Puranas, 힌두 경전 가운데 하나)에서 18,000개의 구절을 암송할 수 있을 정도로 뛰어났다.

1874년(16세) 기아에 아버지, 어머니, 큰 언니가 병과 배고픔으로 숨졌다. 오빠와 라마바이만 생존했다. 그들은 힌두 신앙에 큰 의심을 품었지만 다른 식의 삶을 알지 못했기 때문에 계속해서 힌두 관습을 지켰다.

1878년(20세) 인도 전역을 떠돌며 성지 순례를 하다가 오빠와 함께 꼴까따(현 지명은 꼴까따)에 도착해 1년을 머물렀다. 초대를 받고 처음으로 교회에 가서 부정적인 인상을 받았다. 인도 사람들이 영국 사람들처럼 옷을 입고 브라민들이 영국 사람들과 먹는 것을 보고 말세라고 생각했다. 또한 기독교인들이 의자를 향해 기도한다고 생각했고 기독교인들의 예배는 품위가 없다고 여겼다. 그렇지만 기독교인들에게서 성경을 받고 읽기 시작했다. 캘커타대학교의 유명한 세 교수들이 라마바이의 학식에 매우 감탄해 빤디따(여사제, 학자)와 싸라스와띠(Saraswati, 지식, 지혜, 예술의 여신)라는 칭호를 수여했다. 곧 라마바이는 명확함과 뛰어난 설득력으로 뿌라나(Puranas, 힌두 경전 가운데 하나)의 유명 강사가 됐다.
다르마 샤스트라(Dharma Shastras, 힌두 율법서)를 읽으며 힌두 경전들에 모순을 발견했다. 힌두 경전들이 '상류와 하류 카스트의 여성들과 수드라 카스트는 부정한 존재여서 남자들과 달리 목샤(Moksha, 구원)를 얻을 수 없다.'고 말한 것에 충격을 받았다.
꼴까따에서 오빠가 죽었다.

1880년 6월(22세) 법원에서 수드라 출신의 변호사와 결혼했다. 힌두 전통을 깬 결혼 때문에 남편이 직장을 잃고 라마바이도 많은 브라민 친구들과 후원자들을 잃었다. 남편과 함께 아쌈(Assam)의 실짜르(Silchar)에서 사는 동안 도서관에서 뱅갈어로 기록된 누가복음을 발견하고 읽기 시작했다. 침례교 앨런(Allen) 선교사가 가끔 방문해 복음을 전했다. 남편은 아내가 기독교인이 되려는 것에 크게 분노했다.

1882년(24세) 라마바이의 남편은 1882년 죽었다. 남편이 죽기 1개월 전에 딸이 태어났다.[69] 남편이 죽은 후 라마바이는 영어를 배우기 위해 딸을 데리고 남인도 첸나이로 갔다. 몇 개월 후 인도 중부 뿌네에 있는 찌뜨빠완 브라민의 지식인 센터로 갔다. 영어와 성경 공부에 참여했다. 아르야 마힐라 싸마즈(Arya Mahila Samaj, 고귀한 여성회)를 설립했다. 뿌네에 과부와 고아를 위한 기관을 세운 후 나중에 뭄바이에도 세워 여성들에게 생계를 위한 기초 교육과 훈련을 제공했다. 같은 해 인도 정부가 인도 교육 위원회를 설립했을 때 위원이 돼 인도 여성 인권과 복지를 위한 대변자가 됐다.

(69) Genesis Books 출판사가 편집한 내용에 따르면 그들의 결혼식은 1880년 6월이다. 만약 남편이 16개월 만에 죽었다면 1881년 10월이고, 맥 니콜의 주장처럼 19개월 만에 죽었다면 1882년 1월이다. 위키 피디아의 주장처럼 그들의 결혼식이 1880년 11월 13일이라면 남편이 죽은 날짜는 또 달라진다. (역자-주)

1883년(25세) 『스트리 다르마 니띠』(Stree Dharma Neeti, 여성 도덕)를 집필해 책 판매 수익금으로 영국에 갔다. 영국에서 교수법과 교육 사업을 완전히 익히고 싶어 했다. 라마바이는 캠브리지와 옥스퍼드대학교의 막스 뮐러 교수와 다른 사람들의 인정과 추천으로 첼튼햄(Cheltenham) 여대의 산스크리트어 교수로 임용돼 2년간 일했다. 유명한 영어 교육가이자 여대의 학장인 도로티아 빌(Dorothea Beale)의 토요일 저녁 성경 공부에 참석했는데 그로 인해 라마바이의 믿음이 강해졌다.

같은 해 9월 29일 딸과 함께 원티지 성공회 교회에서 세례를 받았다. 수녀들의 봉사활동을 통해 기독교에 감동을 받은 터에 고레흐(Goreh) 성공회 신부가 쓴 『기독교가 하나님께서 주신 종교라는 증거가 있나요?』(Is There Any Proof that Christianity is a Divinity-given Religion?)를 읽고 성경의 진리를 지적으로 확신했다. 이 사건은 인도 뿌네에 있는 모든 사람들을 놀라게 했다. 왜냐하면 그녀는 영국으로 가기 전 영국에 가도 개종할 의도가 없다고 명확하게 말했기 때문이다.

세례와 성인식 후 교파마다 성경을 아주 다르게 가르치고 있다는 것을 발견하고 큰 혼란에 빠졌다. 영국과 미국의 기독교 교파들의 차이점을 힌두교 교파들의 차이점과 같다고 생각했다. 세례 받은 지 8년이 지났지만 혼란으로 인해 예수님을 만나지는 못했다.

1886년(28세) 미국 펜실베니아 여대 졸업식에 초대를 받아 네 살 된 딸을 데리고 영국에서 미국으로 갔다. 미국에서 공립학교, 유치원, 직업 훈련 분야를 체험했다. 또한 『상류 카스트 힌두 여성』(High Caste Hindu Women)이라는 책을 출판해 그 수익금을 영국 원티지 수녀원의 수녀들과 과부의 집 설립에 기부했다. 미국에 있는 동안 샤르다 사단(Sharda Sadan, 배움의 집) 기숙학교의 설립을 위해 모금했다.

1889년 2월(31세) 6년간의 해외 생활(영국과 미국)을 마치고 뭄바이로 돌아오자마자 『빤디따 라마바이, 미국을 만나다』(Pandita Rambai's American Encounter)를 출판했다. 출판되자마자 당시의 가장 훌륭한 책 가운데 하나라는 평가를 받았고 곧 뭄바이대학교의 교과서로 채택됐다. 그녀는 일부 미국 관습과 특징을 비난했지만 미국 정부제도, 교육 상황, 그리고 여성의 상태에는 감탄했다.
같은 해 3월 11일(인도 중부 뭄바이에 샤르다 사단을 설립했다. 상류 카스트 과부들을 위한 학교였다. 처음에 2명의 학생이 있었다. 학생들은 종교의 자유를 누렸다. 같은 해 연말에는 25명으로 늘었다. 그 가운데 5명이 과부였다.

1890년 11월(32세) 학생들의 개종 문제로 비난이 거세지자 작고 조용한 도시 뿌네로 옮기기로 결정했다. 옮길 당시 샤르다 사단에 18명의 과부가 거주하고 있었다. 운영방식을 바꿔 학생들이 자유롭게 종교 수업과 행사에 참여할 수 있도록 했다. 이듬해에는 샤르다 사단에 26명의 어린 과부와 13명의 남편 있는 여성들이 있었다.

1892년(34세) 1892년 말까지 샤르단 사단에는 40명의 과부들이 있었는데 연령대는 7세에서 40세까지 다양했다. 그러나 라마바이의 급격한 회심 후 학교는 이전과 아주 달라졌다. 라마바이의 가족 기도회 때 와서 성경 읽기 시간만 참석했던 여성들의 일부가 라마바이와 함께 무릎을 꿇고 기도하기 시작했다.

1893년(35세) 53명의 소녀들 가운데 20명이 라마바이의 가족 예배와 '성경 읽기 수업'에 참석했다. 비난이 일자 라마바이는 자신의 입장을 설명하기 위해 미국 라마바이 협회에 편지를 썼고 미국의 라마바이 협회 회장이 샤르다 사단을 방문한 후 라마바이가 계속 후원해 달라고 간청했다.

1894년(36세) 예수님을 영접한 한 소녀 과부가 세례를 받은 후 인도 전역에서 비난이 일었고 20명의 소녀들이 집으로 끌려갔다.

1895년(37세) 인도 중부 뿌네 외곽 케드가온에 농경지를 구입했다. 사회사업 기관을 설립해 샤르다 사단이 자립을 할 수 있었다. 같은 해 11월 12명의 소녀들이 세례를 받았다. 소녀들이 떠났지만 1896년에 최소한 49명의 소녀들이 있었다.

1896-97년(38세-39세) 인도 중부 마드야 쁘라데쉬(Madhya Pradesh)에서 600명의 여성들과 어린이들을 기아에서 구조했다. 그들을 전염병이 발생한 뿌네가 아니라 뿌네 외곽 케드가온으로 데려왔다. 급히 임시 숙소를 만들어서 그들이 머물게 했고 그 장소를 '묵띠 사단'(Mukti Sadan, 구원의 집)이라고 불렀다.

라마바이는 조력자들과 함께 기아 지역을 방문하곤 했다. 한 번은 기아에 허덕이는 6백 명의 소녀들을 찾아 절반은 다른 선교 단체에게 보냈고 절반은 묵띠 사단(Mukti Sadan, 구원의 집)이라고 이름 지은 자신의 농장으로 보냈다.

1897년(39세) 어떤 홍보도 하지 않고 기도만 했을 때 하나님께서 8만 5천 달러를 농장에 보내주셨다. 샤르다 사단과 달리 묵띠 사단의 명백한 목적은 영혼 구원이었다. 같은 해 10월 브루에르(W. W. Bruere) 목사가 특별 전도 집회를 열었다. 집회 끝에 소녀들과 라마바이의 오랜 브라민 동료를 포함한 샤르다 사단의 73명의 사람들이 세례를 받았다.

1898년(40세) 35명의 소녀들이 묵띠 선교 모임을 구성해 자신들의 삶을 기독교 사역에 바치기로 맹세했다. 같은 해 9월 14일 영구적 건물을 완공했다.

1899년 3월 20일(41세) 구조 가정 재단(Rescue Home Foundation)을 설립했다. 같은 해 9월 20일 묵띠 사단 안에 교회를 세웠다.

1900-1901년(42세-43세) 수백 명의 소녀들을 구자라트 기아 지역에서 구조했다. 묵띠 사단의 거주자가 거의 2,000명이 됐다. 끄리빠 사단(Kripa Sadan, 은혜의 집)을 만들어 1900년까지 300명의 매춘부들을 입주시켰다. 1900년까지 1900명의 거주자들을 위해 필요한 재

정과 백 마리의 소를 공급 받았다. 학교의 체계가 잡혔고 4백 명의 어린이들이 유치원에서 생활했다. 교사 훈련 학교도 개교했고 정원 가꾸기, 농업, 기름 짜기, 낙농업, 세탁 기술, 제빵, 바느질, 직물, 자수를 가르치는 직업학교도 시작했다.

1901년 12월(43세) 1,200명이 세례를 받았다. 그리고 다음 해 7월에는 부흥의 복이 임했다.

1902년(44세) 여성들의 거주지 근처에 소년들을 위한 거주지를 건축했다.

1903년(45세) 인쇄소를 설립했다. 여성들이 운영했다. 같은 해 라마바이는 호주에서 토레이(R. A. Torrey)를 통해 새 생명 운동이 일어나고 있다는 소식을 듣고 자신의 딸 마노라마바이와 조력자 아브람스(Miss Abrams)를 보냈다.

1904년(46세) 히브리어와 그리스 원문을 보고 마라티어 성경 번역을 시작해 1913년(55세)에 신약성경 초판을 출판했다. 전체 성경 번역은 죽기 몇 주 전인 1922년(64세)에 끝냈다. 그녀는 세계 최초 여성 성경 번역가가 됐다. 여성들이 라마바이의 번역을 가지고 다양한 소책자와 성경의 일부분과 100,000권 이상의 복음서를 인쇄, 배포했다.

1905년 초(47세) 부흥을 위한 특별기도 모임을 시작했다. 약 70명의 사람들이 매일 아침에 모였다. 6개월 후 550명의 여성들이 부흥을 위해 하루에 두 번 만났다.

1908년(50세) 딸 마노라마바이가 영국과 미국에 가서 묵띠 공동체의 사역을 소개했다.

1911년-1922년(53세-63세) 10년 동안 인도 성서공회에 11,000 루삐를 기부했다. 그녀는 영국의 수녀들을 돕기 위해 300 파운드를 후원했다.

1912년(54세) 수빠-바라마띠(Supa-Baramati)에 땅을 샀다.

1913년(55세) 첫 번째 마라티 신약 성경을 출판했다.

1919년(61세) 라마바이가 왕으로부터 공동체 봉사를 인정받아 카이저 아이 힌드 메달(the Kaiser-I-Hind medal)을 수여 받았다. 인도 정부가 묵띠 학교에 대학 입학 자격을 허가했다.

1921년 7월 24일(63세) 샤르다 사단 학교의 교장이었던 자신의 딸 마노라마바이가 갑자기 죽었다. 그녀의 나이 40세였다.
1922년 4월 5일 딸이 죽은 후 라마바이가 다시 학교를 돌봤지만 부패성 기관지염으로 자신의 64세 생일을 몇 주 남긴 채 소천 했다. 타임즈 오브 인디아(Times of India)는 그녀를 '현대 인도의 이정표'라고 칭했다.

1922년 7월 운영위원회가 라마바이의 모든 기관의 이름을 라마바이 묵띠 선교회(Ramabai Mukti Mission)로 칭했다.

1922년 뭄바이에서 열린 라마바이 기념식에서 샤로지니 나이두(Sarojini Naidu)는 그녀를 '힌두 성자들의 달력에 기재된 최초의 기독교인'이라고 말했다.

1924년 라마바이가 완역한 성경을 여성들이 묵띠 인쇄소에서 인쇄했다.

1949년 끄리슈나바이(Krishnabai Memorial Hospital) 기념 병원을 개원했다.

1956년 꽃 가정집(The Flower Family cottage) 과정을 다양한 연령의 소녀들을 대상으로 시작했다. 지금은 소녀들과 여성들이 나이에 따라 따로 배우고 거주하고 있다.

1966년 최초로 세계 6대주에 있는 묵띠 선교회 협회 대표자 모임이 열렸다.

1966년 마노라마바이(라마바이의 딸) 기념 여자고등학교가 개학했다.

1970년 7월 묵띠 선교회를 빤디따 라마바이 묵띠 선교회(Pandita Ramabai Mukti Mission)로 명칭을 바꿨다.

1977년 마하라쉬트라 문자 교육과 문화 위원회의 후원으로 라마바이의 편지와 답장을 출판한 샤(A .B. Shah)는 그녀를 '현대 인도가 낳은 가장 위대한 여성이자 인도 역사에서 가장 위대한 인물 가운데 한 명'이라고 찬양했다.

1989년 인도 정부가 라마바이가 사회봉사를 시작한 지 100년이 된 것을 기념해 기념우표를 발행했다. 그 후 인도 정부가 라마바이를 '세기의 여성'(Woman of the Millennium)으로 선정했다.

1999년 호주 신문에서 라마바이를 20세기 최고의 인도주의자 20명 가운데 한 명으로 선정했다.

2000년 사회 정의에 기여한 공로로 빤디따 라마바이 묵띠 선교회(Pandita Ramabai Mukti Mission)가 마하트마 간디상(the Mahatma Gandhi Award)을 수여 받았다.

2005년 6월 고등학교(Junior College, 11학년에서 12학년을 의미) 과정을 시작했다.

라마바이는 평생 수 천 명의 여성들과 소녀들(어린 과부, 고아, 빈민, 육체 그리고 정신 장애자, 맹인, 여성 희생자 등)의 존엄성을 회복시켰다. 그들에게 살아 계신 하나님을 소개하고 교육을 제공해서 그들이 직업을 갖고 인도 사회에 가치 있는 기여를 할 수 있도록 했다.
그녀는 생전에 "하나님께 내 삶을 완전히 맡겼으니 두려워할 것도 없고 잃을 것도 없고 후회할 것도 없다."고 말했다.

참고 문헌

단행본

1. Basil Miller, Pandita Ramabai: India's Christian Pilgrim, Grand Rapids, Zondervan, 1949.
2. Helen Dyer, Pandita Ramabai: The Story of Her Life, London, Morgan and Scott, 1900.
3. Manoramabai, Pandita Ramabai, The Widows' Friend, an Australasian edition of The High-Caste Hindu Woman, Melbourne: George Robertson & Co., 1903.
4. Mary L. B. Fuller, The Triumph of an Indian Widow, New York, Christian Alliance, 1927,
5. Nicol MacNicol, The Story of Pandita Ramabai: A Builder of Modern India, Calcutta, Association Press, 1926.
6. Pandita Ramabai, A Testimony, Kedgaon, 1907.
7. Padmini Sengupta, Pandita Ramabai Saraswati: Her Life and Work, Bombay, Asia Publishing House, 1970.

인터넷 자료

1. 위키피디아: https://en.wikipedia.org/wiki/Pandita_Ramabai (2016. 12. 2일 오후 3시 20분)

3. 묵띠 선교회 홈페이지: http://www.mukti-mission.org/mukti/History.htm (2016년 12월 2일 오후 2시 20분)
4. Gregory Perry, Untold Tale of Revival: Pandita Ramabai, 2016. http://www.gracevalley.org/teaching/untold-tale-of-revival-pandita-ramabai/
5. 라마바이 묵띠 선교회 미국 협회: Ramabai Mukti Mission (American Council) http://www.helpindiakids.org/about-us/ (2016년 12월 2일 오후 2시 20분)

주목할 만한 인도 관련 도서 소개

인도 선교의 이해 1. 2.

진기영. CLC. 2015. 2016

인도 선교역사, 힌두교, 힌두 선교 방법론 등 수록. 제 2권은 1권보다 더 구체적임.

인도의 눈으로 본 예수

다야난드 바라띠. 밀알서원. 2017

브라민 출신 기독교인이 인도 선교가 처참하게 실패한 이유를 점검하고 인도 문화에 적절한 전도 방법 안내.

두 갈래 길

이계절. 밀알서원. 2016

인도 문화에 적절하지 않은 용어, 서양식 예배, 어려운 설교 대신 힌두들이 자연스럽게 받아들일 수 있는 형식 소개.

인도에서 자전거 함께 타기 1. 2.

이계절. 퍼플. 2017

한국인 선교사가 미국인 선교사에게 배우며 동역자로 성장해 나가는 과정.

76세 독일 할매랑 슬리퍼 신고 히말라야 트레킹

이바다. 롤링비틀. 2015

인도에 사는 독일 할매, 네팔 청년 그리고 한국인 저자의 우정과 갈등. 히말라야의 웅장함 뿐 아니라 인도 문화를 맛깔스럽게 소개.

인도 카레 아줌마와 나

이바다. 밀알서원. 2017

인도 카레 아줌마와 그녀의 딸 그리고 한국인 청년의 삼각관계. 저자가 7년간 민박집에서 체험한(외부인이 알기 힘든) 인도 문화의 속살.